W. V. QUINE

Unterwegs zur Wahrheit

Konzise Einleitung in die theoretische Philosophie

Aus dem Amerikanischen übersetzt
und herausgegeben von
Michael Gebauer

FELIX MEINER VERLAG
HAMBURG

PHILOSOPHISCHE BIBLIOTHEK BAND 731

Bibliographische Information der Deutschen Nationalbibliothek
Die Deutsche Nationalbibliothek verzeichnet diese Publikation in der Deutschen Nationalbibliographie; detaillierte bibliographische Daten sind im Internet abrufbar über ‹http://portal.dnb.de›.
ISBN 978-3-7873-3708-8

Translated from the English language: *Pursuit of Truth*.
First published in the United States by: Harvard University Press.

 Satz: Jens-Sören Mann. Gesamtherstellung: Beltz, Bad Langensalza. Werkdruckpapier: alterungsbeständig nach ANSI-Norm resp. DIN-ISO 9706, hergestellt aus 100 % chlorfrei gebleichtem Zellstoff. Printed in Germany.

Inhalt

Für Burt Dreben,
dem durch die Dekaden standhaften Freund
und konstruktiven Kritiker

Notiz zur revidierten Ausgabe

Im Mai 1990 war ich anläßlich eines einwöchigen internationalen Kolloquiums über meine Philosophie zu Gast in der galanten kleinen Republik San Marino – nur vier Monate, nachdem die erste Fassung dieses Buchs im Druck erschienen war. Sechs Monate später fand ich mich in Katalonien wieder, wo ich im mittelalterlichen Girona die Josep Ferrater Mora Vorlesungen zu geben hatte – ganze fünfzehn Stunden lang plus fünf Stunden Diskussion. Donald Davidson, Dagfinn Føllesdal und Roger Gibson waren gleich mit importiert worden, um bei den Diskussionen für Tiefe und für den nötigen Pfiff zu sorgen. In den Monaten emsiger Vorbereitung und den anregenden Gesprächen bei beiden Anlässen keimten Gedanken auf, die für ein besseres Buch gesorgt hätten, falls man die zeitliche Abfolge der Ereignisse hätte umkehren können. Einer solchen Umkehrung des Gangs der Dinge wollte ich nun mit der vorliegenden, zeitigen Umarbeitung des Bändchens, so gut ich konnte, nahekommen.

Der ursprüngliche § 13, »Ontologische Relativität«, erhielt die nachdrücklichere Überschrift »Auflösung der Ontologie« und wurde um einige Splitter aus meinen Antworten für die geplanten Akten des San-Marino-Kolloquiums[1] ergänzt. Und meine Behandlung des Problems der eigensprachlichen Bedeutung in § 22 erfuhr eine ebenso grundlegende Veränderung wie die beiden §§ 28–29 über propositionale Einstellungen – Davidsons und Føllesdals Insistieren sei Dank.

Im März 1992 *W. V. Q.*

[1] *On Quine*, hrsg. von Paolo Leonardi und Marco Santambrogio, Proceedings of the San Marino Conference 1990; Cambridge: University Press, 1995.

Vorwort zur ersten Ausgabe

Mit den folgenden Seiten wollte ich einen Abriß meiner sich vielfach überschneidenden Positionen zu Problemen kognitiver Bedeutung, Objektbeziehung und unserer Erkenntnisfundamente in Angriff nehmen, um meine Auffassungen dabei gleich zu aktualisieren und weiter zu klären. Teils sollen meine Erörterungen den Zwecken einer Einleitung in die Philosophie dienen, teils werden in ihnen auch substantielle Fragestellungen vorangetrieben. In den vergangenen zehn Jahren waren sporadisch immer wieder solche substantiellen Fragen aufgebrochen, wovon einige auch in Vorträgen, informellen Diskussionen und verstreuten Blättern an die Öffentlichkeit gelangten. Bei meinen Bemühungen, diese Gedanken in die richtige Beziehung zueinander zu bringen, stieß ich gelegentlich auf das eine oder andere verkehrte Bindeglied und habe es dann bis zu meiner eigenen Zufriedenheit repariert.

Ich wollte mich mit diesem Büchlein ebensowohl an die bisherigen wie an meine neuen Leser wenden und habe mich aus diesem Grunde gezügelt, sobald die Erörterung von Fragen anstand, die bereits anderswo in meinen Büchern erschöpfend behandelt sind. Auf vertraute Themen komme ich namentlich dort wieder zurück, wo ich meinen Gedanken oder dessen Darstellung glaubte verbessern zu können oder wo es galt, einen neuen Leser etwas näher ins Bild zu setzen, um ihn bei der Stange zu halten.

Schon einmal im Druck erschienene Versatzstücke machen zusammen nur knappe neun Seiten aus, und ihre ursprünglichen Erscheinungsorte werden am Schluß des Bändchens namhaft gemacht. Ein wesentlich reicherer Fundus waren hier meine unpublizierten Vorlesungen: Die 1983 in Kalkutta gehaltene Vorlesung »The Mentalistic Heritage« war eine der Quellen von § 31, und meine Vorlesung »The Forked Animal« – eine von vier *Imma-*

nuel-Kant-Vorlesungen, die ich 1980 an der Stanford University gegeben hatte – lieferte die übrigen Paragraphen des vierten Kapitels.* Der Titel meiner Kant-Vorlesungen war seinerzeit *Science and Sensibilia* gewesen, eine Anspielung auf J. L. Austins frühere Anspielung auf Jane Austen. Alle vier sind zusammen in italienischer Sprache als kleines Buch erschienen: *La scienza e i dati di senso*, übersetzt von Michele Leonelli (Rom: Armando 1987). Statt sie unverändert in ihrem ursprünglichen Zusammenhang auf den Markt zu bringen, habe ich lieber Teile daraus – wie hier – in späteren Publikationen wieder verwendet.

Ein Großteil meiner Vorlesung »Three Indeterminacies«, die im April 1988 auf dem Quine-Symposion an der Washington University zum Vortrag kam, wurde hier in das erste Kapitel eingearbeitet, und weitere Versatzstücke daraus in das fünfte. Sie sind 1990 bei Blackwell in Oxford in den Akten des Symposiums *Perspectives on Quine* erschienen, herausgegeben von R. B. Barrett und R. F. Gibson. Eine andere Publikation, die sich mit dem vorliegenden Text überschneidet, ist »Truth«, ein Vortrag, den ich ursprünglich für das Institut International de Philosophie verfaßt hatte und der schließlich dem Band *Philosophical Problems Today* bei Nijhoff in Den Haag zugute kam. Bereits damals war ausgemacht, daß ich mich daraus für das Wahrheitskapitel hier reichlich bedienen würde.

Es ist fürwahr ein Segen, daß ich umsichtige und scharfsinnige Köpfe zu meinen Lesern rechnen kann. So schrieb mir Leonelli aus Pisa, meiner neuartigen Verquickung der Vergegenständlichung mit der Beobachtung verdanke er *una sorta di crampo mentale*. Nach ein, zwei weiteren seiner Briefe verspürte ich die Krämpfe allmählich selbst, und heraus kam – eine merkliche Verbesserung des ersten und des zweiten Kapitels. Ein Brief von

* [Anm. d. Übers.: W. V. Quine, *Science and Sensibilia. The 1980 Immanuel Kant Lectures*, hrsg. von Robert Sinclair, Cham: Palgrave Macmillan 2019.]

Felix Mühlhölzer aus München veranlaßte mich, einige Bemerkungen zur eher liederlichen Seite der wissenschaftlichen Methode einzuschieben. Sodann habe ich im vorliegenden Text eine Schwierigkeit namhaft gemacht und behandelt, die in Stockholm Lars Bergström aufgefallen war. Und was ich schließlich so alles Donald Davidson, Dagfinn Føllesdal und Roger Gibson verdanke, wurde an entsprechender Stelle eigens angemerkt. Besonders zu danken habe ich auch vielen hilfreichen Vorschlägen meines Freundes Burton Dreben, der mit Sorgfalt und Verständnis frühere Fassungen des Bändchens durchgesehen hat.

W. V. Q.

σῴζειν τὰ φαινόμενα.

PLATON

Rettet die Oberfläche und ihr rettet alles.

SHERWIN-WILLIAMS

I · Belege

§ 1 *Reize und Prognosen*

Zu unserer systematischen Theorie über die Außenwelt brachten wir es, indem wir uns über Generationen hinweg mit kollektiver und kumulativer Kreativität nach den Affektionen der reizempfindlichen Oberflächen unseres Körpers gerichtet haben. Unser System erweist sich als erfolgreich: Es erlaubt uns, künftige Sinnesreizungen vorauszusagen. Wie konnte uns dies gelingen?

Die Neurologie eröffnet uns fremdartig neue Ansichten der Dinge, die sich zwischen Reizeinfluß und Wahrnehmung abspielen. Psychologie und namentlich Psycholinguistik können wir konsultieren, wenn wir etwas darüber erfahren wollen, wie sich der Übergang von Wahrnehmungen zu Erwartungen, Verallgemeinerungen und Systematisierungen vollzieht. Die evolutionstheoretische Genetik bringt weiteres Licht in die zuletzt genannten Fragen, sobald sie eine Erklärung für die Ähnlichkeitsmaßstäbe gibt, die unseren Verallgemeinerungen und mithin unseren Erwartungen zugrunde liegen. Und die Wissenschaftsgeschichte schließlich beleuchtet mit den Mitteln ihrer Anekdoten die Heuristik unserer wissenschaftlichen Kreativität.

Wir dürfen dankbar dafür sein, daß inmitten dieses undurchsichtigen Gewirrs von Beziehungen zwischen den Reizungen unserer Sinnesrezeptoren und unserer wissenschaftlichen Theorie über die Welt ein Bereich liegt, der sich ausgrenzen läßt und zu dessen Klärung wir beitragen können, ohne Neurologie, Psychologie, Psycholinguistik, Genetik oder Geschichte zu treiben: der Bereich nämlich, in dem eine Theorie anhand ihrer Voraussagen überprüft wird. Es ist die Beziehung der Stützung einer Theorie durch das Zeugnis unserer Sinne, die diesen Bereich ausmacht, und zu einer schematischen Untersuchung der wesentlichen Momente dieser Beziehung benötigen wir kaum mehr als die Mittel der logischen Analyse.

Damit sei nicht gesagt, Wissenschaft habe es vor allem übrigen auf Prognose abgesehen. Ein hauptsächlicher Zweck der Wissenschaft ist unser Verstehen; ein anderer die Beherrschung und Veränderung unserer Umwelt. Es kann mitunter zwar auch zu ihren Absichten hinzugehören, Prognosen zu stellen, doch geht es mir gegenwärtig um etwas anderes: Voraussagen machen den *Prüfstein* einer jeden Theorie aus, worauf auch immer diese Theorie abzweckt.

Es gilt gemeinhin als eine Binsenwahrheit, daß wir unser Indizienmaterial für die Wissenschaft jederzeit aus der Beobachtung beziehen und daß es stets *künftige Beobachtungen* sind, die wir voraussagen. Doch läßt sich der Beobachtungsbegriff nicht eben leicht analysieren. Man hat ihn zu klären versucht, indem man die Untersuchung auf die Ebene beobachtbarer Gegenstände und Ereignisse verlagerte. Aber zwischen solchen Dingen und dem, was von der Außenwelt unmittelbar in uns hineingelangt, klafft ein gähnender Abgrund. Nicht in Gegenständen besteht wohlgemerkt unser unmittelbarer Input, sondern in der Aktivierung unserer Sinnesrezeptoren! Ich für mein Teil habe mir durch all dies einen Weg gebahnt, indem ich mich von Anbeginn an mit solchen Aktivierungen oder Reizeinflüssen selbst begnügte. Das ist auch der Grund, warum ich eingangs von der Voraussage von Sinnesreizungen gesprochen habe – womöglich eine etwas verwunderliche Ausdrucksweise. Unter dem *Reizeinfluß*, dem ein Subjekt bei einer bestimmten Gelegenheit ausgesetzt ist, verstehe ich kurzerhand die zeitlich geordnete Menge aller Wahrnehmungsrezeptoren des Subjekts, die bei diesem Anlaß aktiviert werden.[2]

[2] [Anm d. Übers.: Wie der Autor in seinen Schriften an zahlreichen Stellen erläutert, handelt es sich bei der gegenwärtigen Voraussetzung vom Gehirn zu verarbeitender momentaner »Totalimpressionen« – i. e. *Globalreize*, noch unorganisierte, unanalysierte sowie vorbewußte Erfahrungsfundamente – im Ergebnis um nichts anderes als ein mate-

So gelingt es mir, zum einen auf den *Beobachtungs*begriff als eigenständigen Terminus technicus verzichten zu können, und zum anderen auf einen technischen Begriff der Beobachtungs*belege*, soweit damit Beobachtungen gemeint waren. Wir können uns der Frage nach dem Indizienmaterial für die Wissenschaft auch widmen, ohne den Terminus »Belege« als einen technischen Begriff in Anspruch zu nehmen. Es ist durchaus möglich, statt seiner mit der Rede von Beobachtungssätzen auszukommen.

§2 *Beobachtungssätze*

Wir waren also dabei zu untersuchen, wie sich Wissenschaft auf Wahrnehmungsbelege gründet. Unter welcher Bezeichnung wir sie auch immer thematisieren wollen, werden wir in dieser Fundierungsbeziehung jedenfalls eine eigentümliche Relation zu sehen haben, die zwischen Nervenreizungen und wissenschaftlichen Theorien gegeben sein wird. Theorien bestehen in Sätzen, kommen in Sätze verpackt daher; und die Logik ist es, die Sätze mit Sätzen verbindet. Worauf wir als die Anfangsglieder solcher Ketten allemal angewiesen sind, die dergestalt Sätze mit Sätzen verknüpfen, ist eine gewisse Anzahl besonderer Sätze, die direkt und stabil mit unseren Sinnesreizungen assoziiert sind, und zwar ein jeder dieser Sätze mit einem bestimmten Bereich aus dem Spektrum unserer Reizungen bejahend und mit einem anderen

rialistisches Substitut für die ehedem gestaltpsychologisch motivierten »Elementarerlebnisse« Rudolf Carnaps in seinem phänomenalistischen Hauptwerk *Der logische Aufbau der Welt* (Berlin: Weltkreis-Verlag, 1928): um das (allerdings vorbewußte) physische Korrelat Carnapscher Erlebnis*ganzheiten* vermöge »unserer fünf Sinne im Akkord« – also um eine kurzerhand materialistisch beschriebene Imitation seiner damals noch präphysikalistischen Erlebniskonstruktion auf völlig entsprechender, strikt eigenpsychischer Basis. Vgl. exemplarisch etwa Quines »Reply to Manley Thompson« in Hahn und Schilpp.]

Bereich verneinend. Zweitens hätten Sätze dieser Art bei den betreffenden Personen jeweils auf der Stelle – also *anläßlich* eines tatsächlich vorliegenden Reizeinflusses aus dem entsprechenden Bereich – solche Zustimmung oder Ablehnung auszulösen, jedenfalls ohne daß weitere Untersuchungen angestellt würden und unabhängig von jeder Tätigkeit, die zu diesem Zeitpunkt die Aufmerksamkeit einer Person beansprucht haben mag. Und als eine weitere Bedingung wäre die der Intersubjektivität zu nennen: im Unterschied zur Wiedergabe einer bloßen Gefühlsregung muß ein solcher Satz bei allen sprachkompetenten Zeugen des betreffenden Anlasses eine und dieselbe Stellungnahme hervorrufen.

Sätze dieser Art sind es, die ich als *Beobachtungssätze* bezeichne. »Es regnet«, »Es wird kalt«, »Das ist ein Kaninchen« mögen im folgenden als Beispiele herhalten. Im Gegensatz zu Sätzen wie »Alle Menschen sind sterblich« handelt es sich bei ihnen um *Gelegenheits*sätze: sie sind bei einigen Anlässen wahr und bei anderen falsch. Manchmal regnet es, manchmal regnet es nicht. *In nuce* lassen sich Beobachtungssätze somit als Gelegenheitssätze bestimmen, im Hinblick auf welche anwesende Sprecher der Sprache anläßlich der entsprechenden Wahrnehmungsgelegenheit ohne Umschweife übereinstimmend reagieren können. Mehr dazu bietet § 15.

Der Spielraum des Beobachtungsnahen ist an seinen Rändern eine vage Angelegenheit. Die Bereitschaft einer Person zur Zustimmung erfährt nämlich graduelle Abstufungen. Was ihm bereits als Beobachtungssatz gegolten hat, etwa »Das ist ein Schwan«, kann bei einem Subjekt zu seiner eigenen Überraschung einmal Unschlüssigkeit hinterlassen, sobald es auf einen schwarzen Schwan trifft. Unter Umständen wird es sich dann auf Konventionen berufen müssen, um seinen Sprachgebrauch zu regeln. Entsprechend werden wir uns stets wieder ins Gedächtnis zu rufen haben, daß menschliches Verhalten auch durchaus liederlich sein kann. Doch einstweilen wollen wir für etwas mehr Deutlichkeit sorgen, indem wir so tun, als gäbe es hier scharfe Grenzen.

Die jeweilige Gesamtpalette der Reizeinflüsse, die mit einem Beobachtungssatz affirmativ oder negativ verknüpft sind, bezeichne ich als die affirmative oder negative *Reizbedeutung* dieses Satzes für einen besonderen Sprecher. Jeder solche Reiz ist meiner Definition zufolge global: Er besteht in der Menge *aller* Wahrnehmungsrezeptoren, die aktiviert wurden, und nicht bloß der Rezeptoren, die im jeweiligen Fall Verhalten ausgelöst haben. Aus diesem Grunde werden sich die in einer bestimmten Reizbedeutung enthaltenen Reizeinflüsse im Hinblick auf das verhaltensunwirksame Feuern der Neuronen im Gehirn jeweils kraß voneinander unterscheiden und einander gleichwohl in ihrem wirksamen Kern in irgendeiner Hinsicht, die vom Subjekt selbst wahrgenommen wird,[3] ähnlich sein müssen; das heißt, sie werden einander darin ähneln, daß sie ähnliches Verhalten verursachen. Daß die wahrnehmende Person alle diese Reize spontan mit demselben Beobachtungssatz anspricht, ist bereits ein Fall eines solchen, ähnlich ausgelösten Verhaltens.

Ein Beobachtungssatz kann auch ein Einwortsatz sein, ein Satz, der in nur einem Substantiv oder Adjektiv besteht: »Regen«, »kalt«, »Kaninchen« statt »Es regnet«, »Es ist kalt« oder »Das ist ein Kaninchen«. Des weiteren lassen sich aus Beobachtungssätzen durch Zusammensetzen neue, komplexe Beobachtungssätze bilden, zum Beispiel durch bloße *Konjunktion*: »Die Sonne scheint, und die Vögel singen«. Eine andere Möglichkeit, komplexe Beobachtungssätze zu bilden, ist die der *Prädikation*: Aus »Schau, ein Kiesel« und »Sieh da, Blau« wird der Komplex »Dieser Kiesel ist blau«, und ein Äquivalent dafür lautet schlicht und einfach »blauer Kiesel«. Beide prädikativen Ausdrücke haben dieselbe Reizbedeutung. *Nicht* äquivalent ist eine solche Prädikation indessen mit der bloßen Konjunktion »Schau, ein Kiesel, und sieh

[3] Sie werden einander also *perzeptions*ähnlich sein und nicht *rezeptions*ähnlich. Mehr darüber in meiner Abhandlung *Die Wurzeln der Referenz*, übersetzt von Hermann Vetter, Frankfurt am Main: Suhrkamp 1976, S. 33–36.

da, Blau«. Ihre Verbindung ist vielmehr eine engere. Die Konjunktion ist bereits erfüllt, wenn es sich aufgrund der Reizung erweist, daß irgendwo in der Umgebung jeder der beiden Gliedsätze des komplexen Beobachtungssatzes irgendwie erfüllt ist – hier etwa ein weißer Kiesel und dort drüben die blaue Blume. Prädikation hingegen bündelt die beiden Erfüllungen in einem Brennpunkt und verlangt, daß sie zusammenfallen oder sich zumindest sehr weitgehend überschneiden. Das Blaue muß den Kiesel jedenfalls mitumfassen. Es darf sich auch noch weiter erstrecken; die Konstruktion ist nicht symmetrisch.

Was uns zur Untersuchung von Beobachtungssätzen gebracht hat, war ja unsere Suche nach einem Bindeglied zwischen Beobachtung und Theorie. Der *Beobachtungs*satz ist nun das Verbalisierungsmittel der *Voraussage*, anhand deren eine Theorie *geprüft* wird. Die Bedingung, auf der Stelle sofortige Zustimmung oder Ablehnung erfahren zu können, ist das Moment, das ihn zur letzten Kontrollinstanz werden läßt. Und die Intersubjektivitätsbedingung ist das Moment, wodurch Wissenschaft objektiv wird.

Beobachtungssätze sind also das Vehikel jeglicher Belege, wie wir uns ausdrücken dürfen, die wir für oder gegen gleich welche Wissenschaft aufbieten – ohne allerdings so weit zu gehen, eine Definition von »Beleg« wagen zu wollen. Doch darüber hinaus machen sie auch unsere Einlaßschleuse beim Spracherwerb aus. Die ersten sprachlich-kognitiven Errungenschaften des Kindes bestehen in rudimentären Beobachtungssätzen: in Einwortsätzen wie »Milch«, »Mama« und dergleichen. Durch *Konditionierung* von Reaktionen kommt es jeweils zur Verknüpfung solcher Sätze mit bestimmten Nervenreizen. Daß diese Sätze eine direkte Verbindung mit irgendwelchen Reizeinflüssen eingehen, die mit ihnen zusammen auftreten, ist absolut unverzichtbar, wenn sie für ein Kind überhaupt erlernbar sein sollen, das noch über keine vorgängige Sprache verfügt; und die Intersubjektivitätsbedingung ist unentbehrlich, wenn das Kind diese Ausdrücke bei geeigneten gemeinsamen Äußerungsanlässen von anderen Sprechern lernen können soll.

Es kann schwerlich verwundern, daß Beobachtungssätze diese Doppelfunktion – als das Vehikel wissenschaftlicher Belege und als Einlaß in die Sprache – übernehmen, denn Beobachtungssätze sind ja schlechterdings das Verbindungsmittel jedwelcher Sprache, sei es der wissenschaftlichen, sei es der übrigen, mit der realen Welt, um die es unserer Sprache zu tun ist.

Nach meiner Definition umfaßt die Kategorie der Beobachtungssätze weitaus mehr als nur die primitiven Sätze, mit denen das Kind in die Sprache hineingelangt. Viele Beobachtungssätze werden nicht auf dem Wege simpler Konditionierung oder Nachahmung gelernt, sondern durch anschließende *Konstruktion* aus komplizierten sprachlichen Bausteinen. Dem Erfordernis der unmittelbaren Korrelation mit bestimmten Spielräumen von Reizeinflüssen kann indessen auf die eine wie auf die andere Weise Genüge getan werden, und welche Sätze direkt durch Konditionierung gelernt werden und welche indirekt mit Hilfe höherstufiger Sprache, wird von Person zu Person variieren. Doch garantieren uns beide Erfordernisse, die Intersubjektivitätsbedingung und die Korrelation mit Reizeinflüssen, daß jeder beliebige Beobachtungssatz auch auf unmittelbare Weise gelernt werden *könnte*. Wir vernehmen jeweils, daß unsere Mitmenschen einem Satz bei genau den Anlässen zustimmen oder ihn verneinen, bei denen wir gewisse typische Reize empfangen – und schließen uns ihnen an.

§ 3 *Mit Theorie befrachtet?*

Aus meiner eigenen Werkstatt stammt unverkennbar die obige Definition eines Beobachtungssatzes, nicht die Nomenklatur. Seit undenklichen Zeiten schon haben sich Philosophen in je eigener Weise mit etwas beschäftigt, das sie als Beobachtungsterme oder Beobachtungssätze bezeichneten. Erst in unseren Tagen ist es nachgerade zur Mode geworden, diese Begriffe in Frage zu stellen und dagegenzuhalten, bereits das vermeintlich Beobachtbare sei doch immer in unterschiedlichem Maße schon mit Theorie befrachtet. Man weist etwa darauf hin, daß Wissenschaftler die Systematisierung und Prüfung ihrer eigenen Daten oder der Daten eines anderen Wissenschaftlers nicht weiter vorantreiben, als nötig ist, um sich der Zustimmung von Kollegen zu versichern, die mit der Materie gut vertraut sind; schließlich sind sie ja rationale Wesen. Konstatierungen wie »Das Gemisch hat jetzt die Temperatur von 180° C erreicht« und »Es entweicht Schwefelwasserstoff« gelten ihnen als ausgesprochen beobachtungsnahe Sätze, und für manche von ihnen gilt dies auch noch für die abstrusesten und entlegensten Konstatierungen. Ganz meine Meinung: Der praktische Beobachtungsbegriff ist stets relativ auf die eine oder andere eingeschränktere Personengruppe bezogen und nicht auf die gesamte Sprachgemeinschaft. Wie gesagt, ist ein Beobachtungssatz jeweils *für* eine Personengruppe ein Gelegenheitssatz, auf den anwesende Angehörige dieser Gruppe, sobald sie dem betreffenden Anlaß ausgesetzt sind, ohne Umschweife konform reagieren können.

Für philosophische Zwecke können wir aber noch etwas tiefer sondieren und zu einem einzigen Maßstab für die gesamte Sprachgemeinschaft gelangen. Beobachtbar in diesem Sinne ist jeweils alles, was von jedem einzelnen Anwesenden, der seiner Sinne mächtig ist, die Sprache beherrscht und dem Anlaß ausgesetzt ist, auf der Stelle bezeugt würde. Würden die Wissenschaftler ungereimterweise auf noch umfassenderen Belegen bestehen als jenen, die für Einhelligkeit unter ihnen hinreichten, würden ihre beobachtbaren Daten größtenteils auf die Daten zusammenschrumpfen, die der Sprachgemeinschaft im ganzen zugänglich wären. Nur ein paar davon, wie etwa der unbeschreibliche Gestank eines wenig bekannten Gases, würden diesem Schrumpfungsprozeß entgehen.

Aber was hat all dies mit der Frage zu tun, ob ein Satz frei ist von Theorie oder mit Theorie befrachtet? Schließlich unterscheidet meine Definition Beobachtungssätze von den sonstigen Sätzen – seien sie relativ auf besondere Sprechergruppen, seien sie relativ auf die gesamte Sprachgemeinschaft bezogen –, ohne Theoriefreiheit überhaupt zu erwähnen. In einem gewissen Sinne, wie wir uns gleich vor Augen führen werden, sind sie alle mit Theorie befrachtet, auch die primitivsten von ihnen, und in einem andere Sinne sind sie es eben alle nicht, noch nicht einmal die fachspezifischsten unter ihnen.

Man denke zunächst an die oben erwähnten primitiven Sätze, an unser Einlaßventil beim Spracherwerb. Kraft Konditionierung gehen solche *Sätze als ganze* eine Verknüpfung mit entsprechenden Reizspielräumen ein. Die *Wörter* in ihnen verhalten sich hier also lediglich wie die Silben, aus denen sich ein komplexer Ausdruck zusammensetzt – sind mithin frei von Theorie. Mit der Zeit aber werden sich diese Wörter in theoretischen Kontexten wiederfinden. Und just dieser Umstand, daß Beobachtungssätzen und theoretischen Sätzen immer schon Wörter gemeinsam sind, schafft logische Verbindungen zwischen den beiden Arten von Sätzen und läßt Beobachtungssätze für die wissenschaftliche Theorie allererst relevant werden. Retrospektiv gesehen gilt darum, daß die vormals unschuldigen Beobachtungssätze in der Tat mit Theorie befrachtet sind: Ein Beobachtungssatz, der sich aus Ausdrücken zusammensetzt, von denen kein einziger fachspezifischer ist als ›Wasser‹, wird in der Folge einmal mit theoretischen Sätzen Hand in Hand arbeiten, in denen so fachspezifische Ausdrücke wie ›H_2O‹ vorkommen. *Holophrastisch* betrachtet – als Satz, der durch den Vorgang der Konditionierung auf Reizungssituationen als ein nahtloses Ganzes gelernt wird –, ist der Satz frei von Theorie; *analytisch* – d. h. Wort für Wort – betrachtet, enthält er hingegen Theorie. Soweit Beobachtungssätze etwas mit Wissenschaft zu schaffen haben, soweit sie Beglaubigung und Überprüfung ermöglichen, werden sie sich ihre ursprünglich holophrastische Theoriefreiheit schwerlich bewahren und sich retrospektiv gesehen mit Theorie aufladen müssen. Doch ihren Status der Beobachtungsnähe darum retrospektiv anfechten zu wollen, heißt einen Fehlschluß begehen, den Roderick Firth (S. 100) als den »Fehlschluß der begrifflichen Retrojektion« bezeichnet hat.

Selbst raffiniertere Beobachtungssätze, nicht ausgenommen die hochspezialisierten Sätze bestimmter Forschergemeinden, sind dergestalt janusköpfig, und zwar unbeschadet dessen, daß man sie nicht durch unmittelbare Konditionierung, sondern indirekt, durch Zusammensetzen lernt. Sie gelten nach wie vor aufgrund ihrer holophrastischen Bindung an konstante Bereiche sinnlicher Reizeinflüsse als Beobachtungssätze, gleichviel, wie es bei jemandem zu dieser Verknüpfung gekommen sein mag. Aus holophrastischer Sicht spielen sie ähnlich den »expressiven Sätzen« meines ehemaligen Lehrers und Kollegen Clarence Lewis (S. 179) nach wie vor eine Rolle, die frei ist von Theorie, obgleich dann dieselben Sätze, sobald man sie retrospektiv und Wort für Wort erwägt, nicht anders als die »objektiven Sätze« von Lewis mit Theorie befrachtet sein werden.

Als die Erkenntnistheorie seinerzeit die sogenannte »Wende zur Sprache« nachvollzog, ging damit auch die Thematik der beobachtbaren Gegenstände in die Thematik der Beobachtungsterme über. Das war ein guter Zug, aber noch immer nicht gut genug. Man unterschied Beobachtungssätze von theoretischen Sätzen noch lediglich derivativ: In ihnen sollten ausschließlich Beobachtungsterme vorkommen und keine mit Theorie befrachteten oder theoretischen Terme. So kam es, daß Hans Reichenbach und andere das Gefühl hatten, sogenannte »Brückensätze« zu benötigen, welche die beiden Satzarten miteinander verbinden würden. Wir hingegen verstehen nun, daß es solcher Brücken nicht eigens bedarf und daß es sich bei derlei Brücken um die falsche Denkfigur handelt. Geht man, wie wir es getan haben, nicht mehr von Termen aus, sondern von Sätzen, hindert die beiden Arten von

Sätzen nichts mehr, ein Vokabular zu teilen. Und was sie miteinander verkettet, ist gerade dieses gemeinsame Vokabular.

Mit Sätzen den Anfang zu machen bringt zweitens den Vorteil mit sich, daß die Definition eines Beobachtungssatzes nunmehr vollkommen unabhängig wird von der Dichotomie des Theoriefreien und des mit Theorie Befrachteten. Und ein dritter Vorteil dieses Ansatzes ist es, daß wir dann den Erwerb und die Verwendung von Beobachtungssätzen untersuchen können, ohne zu präjudizieren, welche Gegenstände die einzelnen Wörter in den Sätzen – wenn überhaupt – bezeichnen sollen. Damit verschaffen wir uns allererst die Freiheit, spekulative Überlegungen zu einem eingehenderen Verständnis der *Reifizierung* anstellen zu können und ihres Nutzens für die Wissenschaft – ein Thema, das uns im zweiten Kapitel zu beschäftigen hat. Wären wir von Termen ausgegangen, hätte dies zugleich bedeutet, daß wir die gesamte Thematik der Vergegenständlichung übergangen und aus dem hohlen Bauch heraus immer schon Objektbezug konzediert hätten – ohne uns im mindesten zu fragen, wozu dieser dient und was in ihn eingeht.

§ 4 *Kategorische Beobachtungssätze*

Besonders deutlich tritt bei Experimenten zutage, wie eine Theorie durch Beobachtung gestützt wird, und wir wollen uns diesen Zusammenhang einmal etwas näher vor Augen führen. Der Wissenschaftler verfügt immer schon über einen Hintergrundvorrat an akzeptierter Theorie und legt sich nun die Frage vor, ob eine gewisse Hypothese in die Theorie aufgenommen werden soll oder nicht. Seine Theorie wird ihm sagen, daß, *wenn* die fragliche Hypothese wahr ist, *dann* auch unter gewissen beobachtbaren Ausgangsbedingungen eine bestimmte Wirkung zu *erwarten* sein muß. Demgemäß wird er die nötigen Versuchsbedingungen herstellen. Bleibt die prognostizierte Wirkung dann aus, gibt der Wissenschaftler seine Hypothese preis; erfüllt sich aber die Erwartung und tritt die Wirkung ein, kann die Hypothese wahr sein und somit bis auf weiteres zu den Rücklagen der Theorie hinzugerechnet werden.

Gesetzt, ein Team von Mineralogen sei etwa auf ein bisher unbekanntes kristallines Mineral von deutlich rosafarbenem Aussehen gestoßen. In Ermangelung einer besseren Bezeichnung nennen sie es einstweilen *Litholit*, und einer der Wissenschaftler stellt Vermutungen über die chemische Zusammensetzung dieser Substanz an. Hieran haben wir die Hypothese (deren Einzelheiten ich mir schenken kann). Aus seinem Wissensvorrat an Chemie leitet er ab, daß jede Portion Litholit bei Erhitzen über 180° Celsius Schwefelwasserstoff freisetzen muß, sofern die betreffende chemische Hypothese wahr ist. Die soeben genannten Angaben beinhalten gemeinsam unsere Beobachtungsdaten, denn unser Mineraloge und seine Kollegen werden Litholit an seinem Aussehen und Schwefelwasserstoff an seinem Geruch erkennen, und sie werden ein Thermometer lesen können.

Die Bewährung einer Hypothese hängt somit von einer logischen Implikationsbeziehung ab. Auf der einen Seite, der theoretischen, haben wir den Vorrat an akzeptierter Theorie und die Hypothese. Dieses Ensemble bildet zusammengenommen das Implikans. Auf der anderen Seite, jener der Beobachtung, haben wir einen implizierten allgemeinen Satz, den ein Experimentator jeweils unmittelbar prüfen und auf direktem Wege widerlegen kann – in unserem Fall durch Erhitzen einer Probe der rosa Substanz bei gleichzeitiger Nutzung seiner Nase.

Jeden aus Beobachtungsgliedern zusammengesetzten Satz von der Form »Sobald dies, dann auch das« möchte ich im folgenden einen *kategorischen Beobachtungssatz* nennen. Kategorische Beobachtungssätze sind aus Beobachtungssätzen gebildete komplexe Sätze. Ihr ›Sobald‹ beansprucht nicht etwa, Zeitpunkte zu reifizieren und über sie zu quantifizieren, sondern soll eine jeder eigentlichen Objektbeziehung vorgängige, nicht weiter zurückführbare Allgemeinheit anzeigen: eine Verallgemeinerung dahingehend, daß die Umstände, die der eine der beiden Beobachtungssätze beschreibt, konstant einhergehen mit den Umständen, die vom anderen beschrieben werden.[4]

Obschon ein Komplex aus zwei Beobachtungssätzen, ist ein kategorischer Beobachtungssatz seinerseits aber ein *bleibender* Satz und mithin überhaupt erst ein Satz, den eine wissenschaftliche Theorie implizieren kann. Damit bietet er sich sowohl zur Lösung des Problems eines logischen Bindemittels zwischen Theorie und Beobachtung an als auch als der Inbegriff eines jeden spezifisch experimentellen Sachverhalts.

Oben hatten wir es mit einer Versuchssituation zu tun, in der eine Vermutung durch ein Experiment der Prüfung unterzogen wird. Aber nicht minder vertraut ist uns auch der umgekehrte Sachverhalt: Eine Zufallsbeobachtung kann uns mitunter einen neuen kategorischen Beobachtungssatz herbeivermuten lassen, zu dessen Erklärung wir dann eine theoretische Hypothese aufstellen mögen. Wir machen etwa die Beobachtung, daß Weidenbäume sich über einen Fluß neigen. Sie legt uns den folgenden kategorischen Beobachtungssatz nahe:

(1) Sobald eine Weide am Ufer wächst,
neigt sie sich über das Wasser.

[4] Der »kategorische Beobachtungssatz« ist nicht etwa mit dem »Beobachtungs*konditional*« zu verwechseln – einer weniger ergiebigen Begriffsbildung, die ich einmal im Jahre 1975 eingeführt hatte: Der Bedingungssatz, den ich ehedem »Beobachtungskonditional« getauft hatte, setzt sich aus zwei entzeitlichten Sätzen zusammen, die beide jeweils mit Hilfe von Theorie aus Beobachtungssätzen gewonnen wurden. Dazu vergleiche man *Theorien und Dinge*, übersetzt von Joachim Schulte, Frankfurt am Main: Suhrkamp 1985, S. 41–42. [Wie auch »Gegenstand und Beobachtung«, S. 415 f. – In diesem seinerzeit auf Deutsch abgefaßten Vortrag des Autors für den Stuttgarter Hegel-Kongreß 1981 (s. u. im Literaturverzeichnis) erhielten übrigens die kategorischen Beobachtungssätze (von Quine selbst) noch die vorläufige Bezeichnung »Ureinschlüsse«; d. Übers.].

Und diese Vermutung wiederum bringt uns erst auf die theoretische Hypothese: »Eine Weidenwurzel nährt vor allem *ihre* Seite des Baums«. Unter Mitwirkung von früheren Theoriekomponenten, etwa daß ein feuchterer Boden den Wurzeln mehr Nahrung gibt und Nahrung den Wuchs der Zweige fördert, impliziert die Hypothese schließlich unseren kategorischen Beobachtungssatz. Sie wird auch noch andere kategorische Beobachtungssätze implizieren, und die fortgesetzte Bewährung der Hypothese würde sich dann so vollziehen, daß gemeinsam mit einer weiteren Überprüfung des kategorischen Beobachtungssatzes, der die Hypothese zufälligerweise nahegelegt hatte, einige dieser Folgerungssätze geprüft werden.

Die in (1) angeführte Variante eines kategorischen Beobachtungssatzes geht in subtiler Weise über meine Definition hinaus: Sie setzt sich gerade nicht aus zwei selbständigen Beobachtungsgliedern zusammen. Sie ist nicht etwa zu lesen als: »Sobald eine Weide am Ufer wächst, neigt *eine Weide* sich über das Wasser«. Die beiden Beobachtungssätze, die den kategorischen Beobachtungssatz bilden, sollen diesmal nicht allein mit derselben Umgebung zu tun haben, sondern darüber hinaus mit demselben Teil der Umgebung, mit *derselben* Weide. Darin lag ja die Leistung des Pronomens ›sie‹ in (1). Folglich haben wir hieran ein Satzgebilde, das wir unter dem Namen eines *zentrierten* kategorischen Beobachtungssatzes von einem *freien* kategorischen Beobachtungssatz unterscheiden können.[5]

In § 2 haben wir den Gegensatz zwischen den beiden Verbindungsweisen der Konjunktion und der Prädikation kennenge-

[5] [Anm. d. Übers.: Im Original: »*focal* observation categorical« im Unterschied zum »*free* observation categorical«. In früheren Schriften des Autors hieß die Dichotomie noch anders: das »objectual observation categorical« (auf Quantifikation oder äquivalente begriffliche Mittel angewiesen) stand vormals im Gegensatz zum »primitive observation categorical« – vgl. dazu etwa »Three Indeterminacies« in Barrett und Gibson (1990): *Perspectives on Quine*, S. 9.]

lernt. Ein freier kategorischer Beobachtungssatz nun verallgemeinert lediglich eine Konjunktion und besagt, daß bei allen Gelegenheiten, die das eine Merkmal aufweisen, irgendwo auch das andere präsent sein wird. Ein zentrierter kategorischer Beobachtungssatz hingegen verallgemeinert einen prädikativen Beobachtungssatz. So verallgemeinert etwa (1) den prädikativen Satz »Diese Uferweide neigt sich übers Wasser« und besagt, daß sich alle Uferweiden so verhalten.

Ein prägnanterer prädikativer Beobachtungssatz ist »Dieser Rabe ist schwarz« alias »Schwarzer Rabe«. Verallgemeinert ergibt er den zentrierten kategorischen Beobachtungssatz »Sobald da ein Rabe ist, ist *er* schwarz« – oder bündiger: »Alle Raben sind schwarz«.

§ 5 *Prüfung und Falsifikation*

Man *prüft* einen kategorischen Beobachtungssatz durch paarweises Beobachten. Er läßt sich zwar nicht *endgültig* verifizieren durch Beobachtungen, die mit ihm in Einklang stehen, doch läßt er sich anhand eines Paars von Beobachtungen – die eine davon affirmativ, die andere negativ – *falsifizieren*, also anhand von Beobachtungspaaren wie: Das Litholit hat jetzt 180 °C, doch kein Schwefelwasserstoff entweicht – oder anhand der Wahrnehmung von Uferweiden, die sich vom Wasser wegneigen. Und der freie kategorische Beobachtungssatz »Wenn die Sonne aufgeht, singen die Vögel«, ist widerlegt, sobald wir inmitten eines Sonnenaufgangs schweigende Vögel beobachten.

Die Prüfung wissenschaftlicher Hypothesen durch Beobachtungen andererseits, ja von Sätzen generell, vollzieht sich durch eine Prüfung der von ihnen implizierten kategorischen Beobachtungssätze. Wie beim kategorischen Beobachtungssatz selbst, so ist auch hier keine endgültige Verifikation möglich, sondern es erfolgt nur Falsifikation. Falsifiziere einen kategorischen Beobachtungssatz durch eine affirmative und eine negative Beobachtung und du hast damit auch jegliche Sätze falsifiziert, die ihn implizierten.

Die traditionelle Erkenntnistheorie suchte in unserer Wahrnehmung nach Fundamenten, aus denen unsere Theorien über die Welt entweder buchstäblich ableitbar wären oder die ihnen zumindest mehr Wahrscheinlichkeit verleihen konnten. Wie jedoch Sir Karl Popper seit langem mit Nachdruck propagiert hatte, dient Beobachtung lediglich dazu, eine Theorie zu erschüttern, nicht sie zu bestätigen. Soeben haben wir auf schematische Weise gesehen, warum dem so ist.[6]

Wie bereits in § 2, so müssen wir uns allerdings auch an dieser Stelle daran erinnern, daß wir lediglich schematisieren: Wir geben in der philosophischen Theorie Demarkationslinien vor, wo sich in der Praxis keine wirklich scharfen Grenzen ziehen lassen. Das für die vermeintliche Falsifikation eines kategorischen Beobachtungssatzes verantwortliche Paar von Beobachtungen kann infolge einer unvorhergesehen Unentschlossenheit hinsichtlich der Reizbedeutung eines der beiden Beobachtungssätze durchaus auch unsicher werden, wie etwa anläßlich eines schwarzen Schwans oder eines Albinoraben. Eine Theorie, die den kategorischen Beobachtungssatz »Alle Schwäne sind weiß« oder »Alle Raben sind schwarz« impliziert hat, würde womöglich durch die Entdeckung eines unpassenden Exemplars widerlegt oder sie würde eben nicht widerlegt, je nachdem, wie *wir* uns in Ansehung der *vagen* Reizbedeutung des Worts entscheiden würden. In beiden Beispielen ist es jeweils die faktisch von uns übernommene sprachliche *Praxis*, die schwarze Schwäne und blonde Raben zuläßt, was den Nutzen einer geschmeidigeren Terminologie unserer Gesamttheorie zeitigt.

[6] [Anm. d. Übers.: Inwiefern Quines Erklärung der Asymmetrie gleichwohl von der Poppers differiert, läßt sich seiner »Reply to Jules Vuillemin« in Hahn und Schilpp (1986) entnehmen.]

Doch ebenso wahr ist zweifellos, daß wir nicht nur fortwährend Überlegungen anstellen, um Hypothesen zu falsifizieren, sondern auch zu ihren Gunsten. Das liegt aber daran, daß wir logische oder probabilistische Schlüsse aus immer schon akzeptierten Überzeugungen ziehen. Hier kommen die Techniken der Wahrscheinlichkeitstheorie und der mathematischen Statistik zur Anwendung. Einige der Überzeugungen, auf die wir zur Untermauerung von Hypothesen zurückgreifen, mögen zwar den Charakter von Beobachtungen haben, doch selbst dann leisten sie nur im Verband mit anderen Überzeugungen, die theoretischer Natur sind, überhaupt einen Beitrag zu ihrer Stützung. Reine Beobachtung liefert uns ausschließlich negative Belege, und zwar indem sie die kategorischen Beobachtungssätze falsifiziert, die von den jeweiligen Theorien impliziert werden.

§6 *Holismus*

Erinnern wir uns nun daran, daß unsere Hypothese über die chemische Zusammensetzung von Litholit ihren kategorischen Beobachtungssatz keineswegs isoliert implizierte, sondern daß sie dies nur mit Hilfe von akzeptierten theoretischen Rücklagen einer ganzen Wissenschaft leisten konnte. Um einen kategorischen Beobachtungssatz überhaupt aus einer Hypothese ableiten zu können, werden wir auch noch andere theoretische Sätze sowie eine große Zahl selbstverständlicher Gemeinplätze des »gesunden Menschenverstandes« beanspruchen müssen, die, wie man ja zu sagen pflegt, »nicht erst erwähnt zu werden brauchen« – und womöglich sogar Sätze der Arithmetik und anderer Teile der Mathematik.

So besehen widerlegt der Umstand, daß sich der kategorische Beobachtungssatz als falsch erweist, nicht ein für allemal unsere Hypothese, sondern er widerlegt stets irgendeine Konjunktion einer *Pluralität* von Sätzen: nämlich die Konjunktion jener Sätze, die in Anspruch genommen werden mußte, um den kategorischen Beobachtungssatz überhaupt folgern zu können. Um diese Konjunktion zurückzunehmen, *müssen* wir uns dann aber nicht unbedingt von der fraglichen Hypothese verabschieden, sondern wir *könnten* statt ihrer auch einen anderen Satz der Konjunktion zurücknehmen. Keine andere Überlegung als diese macht die unerläßliche und folgenschwere Einsicht aus, die man *Holismus* genannt hat. Pierre Duhem hatte daraus zu Anfang unseres Jahrhunderts bereits einiges gemacht, wenngleich aus seinem Holismus noch lange nicht genug heraussprang.

Der Wissenschaftler denkt sich sein Experiment zwar gern als Prüfung namentlich seiner Hypothese, jedoch nur, weil dies eben der Satz war, dessen Wahrheit ihm fraglich wurde und den er immer schon zu verwerfen bereit war. Außerdem haben wir aber noch mit all den Situationen zu rechnen, in denen er gar nicht erst über eine vorgefaßte Hypothese verfügt, sondern ganz einfach auf ein anomales Phänomen trifft. Er trifft zufälligerweise auf etwas, das einem kategorischen Beobachtungssatz widerspricht, der nach seiner gegenwärtigen Gesamttheorie hätte wahr sein sollen. Die Folge davon ist, daß er seine Theorie von nun an mit kritischem Blick betrachtet.

Aus übersteigert logischer Sicht kann man sich folgendermaßen ausmalen, wie er mit einem kategorischen Beobachtungssatz, der die Erfahrungsprobe nicht bestanden hat, in seiner Theorie fertig werden kann: Wir haben es nach dem vorigen stets mit einer ganz bestimmten *Satzmenge S* vermeintlich wahrer Sätze zu tun, von der es sich erwiesen hat, daß ihre Elemente zusammengenommen den falschen kategorischen Beobachtungssatz implizieren. Unter »Implikation« verstehe man hier schlicht und ergreifend Ableitbarkeit mit den logischen Mitteln der Wahrheitsfunktionen, der Quantifikation und der Identität. (Für gehaltvollere Folgerungen können wir dadurch sorgen, daß wir in *S* ausdrücklich geeignete Prämissen einbauen.) Nun stellt es sich heraus, daß ein Satz oder mehrere Sätze aus *S* zurückgenommen werden müssen. Einige

Elemente von *S* können wir von vornherein von diesem Schicksal ausnehmen, indem wir erproben, ob die fatale Implikation nicht auch ohne ihre Hilfe durchgeht. So ist beispielsweise jede rein logische Wahrheit auszunehmen, da sie ja dem, was *S* ohnehin schon logisch implizieren würde, nichts mehr hinzufügt; und aus demselben Grunde werden wir auch etliche Sätze in *S* zu verschonen haben, die schlicht irrelevant sind. Von den restlichen Sätzen in *S* verwerfen wir nun zunächst einen Satz, der uns immer schon besonders suspekt erscheint oder der am wenigsten für unsere Gesamttheorie entscheidend ist. Wir folgen dabei einer Maxime minimaler Mutilationen. Haben sich die verbleibenden Elemente der Satzmenge *S* dann immer noch im Bunde miteinander zur Implikation des besagten falschen kategorischen Beobachtungssatzes verschworen, versuchen wir es damit, einen anderen Satz zu verwerfen und den ersten Satz wieder in die Menge aufzunehmen. Wird der falsche kategorische Beobachtungssatz auch dann noch impliziert, versuchen wir beide zu verwerfen. Und wir treiben dieses Verfahren so lange voran, bis wir die betreffende Implikation vom Tisch haben.

Hiermit ist aber erst der Anfang gemacht. Wir müssen jetzt auch anderswo im gesamten Gefüge unserer Globaltheorie Satzmengen aufspüren, welche die nunmehr *verworfenen* Überzeugungen implizieren, denn auch sie müssen entschärft werden. Wir treiben unser Verfahren also weiter, bis Widerspruchsfreiheit hergestellt zu sein scheint. Derart ist die Mutilation, die unsere Maxime minimaler Mutilationen minimieren soll.

Bei unserer Entscheidung, welche Sätze von *S* wir verwerfen sollen, zwingt uns diese Maxime insbesondere dazu, jegliche rein mathematischen Wahrheiten zu bewahren, denn die Mathematik geht ja in alle Zweige unseres Globalsystems ein, und jeder Bruch würde von dort ein unerträgliches Echo zurückwerfen. Auf die Frage, warum er die Mathematik eigentlich verschont, wird der Wissenschaftler womöglich zur Antwort geben, daß ihre Gesetze *notwendig* wahr seien. Ich für mein Teil bin jedoch der gegenteiligen Auffassung, daß wir hieran gerade eine *Erklärung* mathematischer Notwendigkeit selbst haben. Sie ist unserer eigenen unausgesprochenen *Praxis* immanent, die Mathematik abzuschirmen, indem wir von unserer Freiheit Gebrauch machen, statt ihrer lieber geeignete andere Überzeugungen aufzugeben.

Demnach ist die Entscheidung, welche unserer Überzeugungen wir zu verwerfen haben, also nicht etwa in beliebiger Hinsicht indifferent, sondern lediglich insoweit sie den kategorischen Beobachtungssatz betrifft, welcher der Erfahrungsprobe nicht standgehalten hat. Wie wir gesehen haben, tun wir gut daran, das Boot nicht mehr zum Schaukeln zu bringen als unbedingt nötig. Die Einfachheit der resultierenden Theorie ist jedoch ein weiteres Kriterium, das uns leiten wird, und wenn ein Wissenschaftler dadurch eine Menge an Einfachheit gewinnen kann, ist er sogar bereit, das Boot um einer einfacheren Theorie willen ganz beträchtlich zum Schaukeln zu bringen. In letzter Instanz geht es ihm aber darum, die Revision seiner Theorie so vorzunehmen, daß sich ihr künftiger prognostischer Erfolg maximiert: Sie soll in der Zukunft möglichst viele wahre kategorische Beobachtungssätze abdecken. Hierfür gibt es kein Patentrezept, doch sind Maximierung von Einfachheit und Minimierung von Mutilationen beides Maximen, mit deren Hilfe die Wissenschaft nach Prognosen strebt, die sich bewahrheiten werden.

Man vermag nur mit Mühe zu sehen, wie jemand den Holismus, wie wir ihn gerade verstanden haben, überhaupt in Frage stellen kann. Adolf Grünbaum hat in der Tat Argumente gegen den Holismus ins Feld geführt, doch stand ihm dabei ein stärkerer Holismus vor Augen als der, den wir soeben erwogen haben. Er sieht im Holismus die These, daß man anläßlich einer nicht erfüllten Erwartung die bedrohte Hypothese stets retten kann, indem man seine theoretischen Rücklagen an akzeptierten Sätzen so revidiert, daß diese zusammen mit der bedrohten Hypothese das *Ausbleiben* des von der Prognose Vorausgesagten implizieren. Eine solche Annahme kommt bei mir aber erst gar nicht vor. Nach meiner Position geht es einzig und allein darum, die falsche Implikation zu entschärfen. Die Erklärung einer unerwarteten theoriewidrigen Beobachtung selbst wäre ein Schritt, der auf einer ganz anderen Stufe des Fortschritts in den Wissenschaften läge, die von einer Wissenschaft im Laufe der Zeit dann erklommen oder auch nicht erklommen werden mag.

Der Holismus in unserem moderaten Sinne macht eine zwar auf der Hand liegende, doch entscheidende Korrektur jener naiven Auffassung der wissenschaftlichen Sätze aus, der zufolge ein jeder dieser Sätze über seinen eigenen, gesonderten empirischen Gehalt verfügt. Empirischer Gehalt ist vielmehr etwas, das Sätzen gemeinsam ist und woran mittelbar sogar mathematische Sätze teilhaben, soweit sie nämlich auf die Welt Anwendung finden.

§7 *Empirischer Gehalt*

Reizbedeutungen sind an ihren Rändern in Wirklichkeit unscharf, wie man sich erneut am Beispiel des schwarzen Schwans oder des Albinoraben klarmachen kann. Insofern wir hier aber einfach *so tun*, als ließen sich präzise Demarkationslinien ziehen, können wir uns auch eine trügerisch präzise, wiewohl lehrreiche Definition des empirischen Gehalts zurechtlegen.

Nennen wir einen kategorischen Beobachtungssatz *analytisch* für einen bestimmten Sprecher, wenn für diesen Sprecher die affirmative Reizbedeutung des einen Satzglieds (wie bei »Drosseln sind Vögel«) in der affirmativen Reizbedeutung des anderen Satzglieds enthalten ist. Ist dies nicht der Fall, nennen wir ihn *synthetisch*. Nennen wir als nächstes einen Satz oder eine Satzmenge *prüfbar*, wenn sie einige kategorische Beobachtungssätze impliziert, die synthetisch sind. Und nennen wir zwei kategorische Beobachtungssätze *synonym*, wenn die betreffenden Komponenten jeweils dieselbe Reizbedeutung haben. Dann läßt sich der *empirische Gehalt* eines prüfbaren Satzes oder einer prüfbaren Satzmenge für diesen Sprecher mit der Menge aller synthetischen kategorischen Beobachtungssätze gleichsetzen, die von diesem Satz oder der betreffenden Folgerungsmenge impliziert werden – nicht ausgenommen die synonymen unter ihnen. Ich füge die synonymen kategorischen Beobachtungssätze hinzu, damit Gleichheit des empirischen Gehalts auch dort gewährleistet bleibt, wo individuelle Verschiedenheiten vorliegen, die lediglich rein verbaler Natur sind.

Nachdem wir empirischen Gehalt und mithin empirische Äquivalenz für einen einzelnen Sprecher definiert haben, können wir zwei Sätze oder Satzmengen als äquivalent für eine ganze Sprachgemeinschaft definieren, wenn sie für jeden einzelnen Angehörigen dieser Gemeinschaft äquivalent sind.

Nun können zwar auch manche isolierten Einzelsätze durchaus als prüfbar gelten, namentlich die synthetischen kategorischen Beobachtungssätze selbst. Doch in den meisten Fällen wird eine prüfbare Satzmenge oder Konjunktion von Sätzen recht umfangreich sein müssen – diese Bürde erlegt uns der Holismus auf. Es hängt eben davon ab, wann die kritische semantische Masse erreicht ist.

Wir müssen uns nun aber vergegenwärtigen, daß wir hier nicht allein bei den Reizbedeutungen idealisiert haben, sondern in einem beträchtlichen Maße auch bei der obigen Erklärung der Prüfung von Hypothesen. Ein Wissenschaftler listet ja nicht etwa im voraus seinen gesamten Fundus an theoretischen Grundsätzen und fachspezifischen Annahmen auf, geschweige denn all die Gemeinplätze des »gesunden Verstandes« und die mathematischen Gesetze, die er der zur Prüfung anstehen Hypothese hinzufügen muß, um überhaupt die Implikation des kategorischen Beobachtungssatzes zu erhalten, auf den sein Experiment zugeschnitten ist. Es wäre eine geradezu herkulische, um nicht zu sagen augische Schinderei, wirklich sämtliche Prämissen und logischen Implikationsstränge auszusondern, die in letzter Instanz Theorie und Beobachtung miteinander verknüpfen, wo auch immer und insoweit diese miteinander verknüpft wären.

Und schlimmer noch, es sieht so aus, als ob man in vielen Fällen durch keine derartige Auflistung stillschweigender Prämissen den kategorischen Beobachtungssatz wirklich zu packen bekäme, und zwar aufgrund des Faktors der Vagheit. Der folgende Nahezu-Gemeinplatz mag dies veranschaulichen:

(1) Natriumchlorid löst sich in Wasser auf.

Notorischerweise kann dergleichen leider nur *ceteris paribus* gelten, und die *cetera* bleiben hier ja unbestimmt. Für gewöhnlich behandelt man (1) einfach als wahr und fügt den Satz explizit oder implizit seinen Rücklagen an Hilfsannahmen hinzu. Entschließt sich ein mit einem negativen Versuchsergebnis konfrontierter Experimentator, seine Hypothese zu retten, indem er etwas an seinen Hilfssätzen und namentlich an (1) ändert, wird er dies so tun, daß er zugleich eine untergeordnete Theorie aufstellt, die erklärt, wie es zu einer Ausnahme von (1) kommen kann. Im allgemeinem wird (1) eben als die noch vage Formulierung einer hochwahrscheinlichen Annahme akzeptiert, die einzig und allein dort bestritten werden kann, wo sich die wenig wahrscheinlichen Gegenbeispiele auch plausibel erklären lassen.

Wir haben davon auszugehen, daß ein Großteil der Wissenschaft stets infolge derartiger Entschuldigungen vor der simplen Erfahrungsprobe durch kategorische Beobachtungssätze abgeschirmt ist. Ja, man hat sogar eingewandt, daß sich unsere umfassendsten wissenschaftlichen Gesetze dem Zeugnis der Sinne ganz und gar entziehen. So schreibt Yosida (S. 207–208), daß sie »zwar aus der Mode kommen können, … doch niemals, weil sie auf direktem Wege durch Beobachtungen widerlegt werden; sie sind vielmehr wie Soldaten, die nie sterben, sondern einfach nur verschwinden.«

Der Zweck meiner Lehre von den kategorischen Beobachtungssätzen ist aber einstweilen der, die Relevanz sinnlicher

Reizeinflüsse für die wissenschaftliche Theorie *überhaupt* zu erklären, solange und soweit sich die Wissenschaft noch nicht von ihren empirischen Verankerungen gelöst hat. Mir ging es seit jeher um die grundlegende logische Struktur unserer Erfahrungsbelege oder – mit einer Wendung, die das Denken Kants mit dem Russells verbindet – um die Frage, wie unser Wissen von der Außenwelt zunächst einmal möglich ist. Wissenschaftliche Theorie reagiert nach wie vor noch irgendwie auf Sinnesreize, und sie tut dies in ihren frühen wie in ihren späteren Stadien, wenn sich auch ihre Art zu reagieren meinem Schematismus in der Tat entzieht, sobald sie einmal von ihrem empirischen Fundament abgehoben hat. Infolgedessen gilt meine Definition des empirischen Gehalts eben allein für Sätze und Satzmengen, die im oben definierten Sinne der profanen und simplen Implikation synthetischer kategorischer Beobachtungssätze *prüfbar* sind.

§ 8 *Normen und Ziele*

Ich gehöre jener breiten Minderheit von Philosophen an – oder wenn man lieber will, womöglich jener schmalen Mehrheit –, die den Traum des Cartesius von einem Fundament wissenschaftlicher Gewißheit, das unerschütterlicher wäre, als es die Methode der Wissenschaft je sein kann, endgültig für ausgeträumt halten. Doch wie man sieht, beschäftigt mich gleichwohl auch weiterhin noch ein Problem, das geradezu im Zentrum der traditionellen Erkenntnistheorie gestanden hat: die Frage nach der Beziehung der Wissenschaft zu ihren Wahrnehmungsdaten. Ich behandle diese Beziehung als Input-Output-Relation in den Körpern materieller Personen aus Fleisch und Blut, die einer immer schon anerkannten Außenwelt angehören, und damit als eine Beziehung, die sich empirisch erforschen läßt und die ein Kapitel der Wissenschaft von dieser Welt selbst ausmachen wird. Um hervorzuheben, wie prinzipiell ich mich vom cartesischen Traum verabschiede, habe ich stets von neuronalen Rezeptoren und ihrer Reizung gesprochen und niemals von Sinnesdaten oder Sensibilia. Dieses Unternehmen bezeichne ich als naturalisierte Erkenntnistheorie, ohne mich auf Streitigkeiten mit Traditionalisten einlassen zu wollen, die etwas dagegen haben, daß ich den Begriff »Erkenntnistheorie« beibehalte. Ich bin mit ihnen einer Meinung: Es macht beileibe keinen geringfügigen Unterschied, ob einer den cartesischen Traum verabschiedet oder ob er an ihm festhält.

Sie sind allerdings mit Blindheit geschlagen, wenn sie hiergegen Protest einlegen und unterstellen, damit gehe unvermeidlich auch das für die Erkenntnistheorie so charakteristische normative Moment dieser Disziplin über Bord. In dem Umfange, in dem es gelingt, die theoretische Erkenntnistheorie in ein Kapitel der theoretischen Naturwissenschaft hinüber zu naturalisieren, wird ebensogut auch die normative Erkenntnistheorie in ein Stück Technologie überführt: in das Kapitel von der Technik der Antizipation sinnlicher Reize.[7]

In Wahrheit nämlich deckt sich die bemerkenswerteste Norm der naturalisierten Erkenntnistheorie mit einer Norm der traditionellen Erkenntnistheorie. Sie stimmt kurzerhand mit der Losung des Empirismus überein: *Nihil in mente quod non prius in sensu.* An ihr haben wir sogar geradezu ein Paradebeispiel für naturalisierte Erkenntnistheorie, denn schließlich war es die wie auch immer fallible Naturwissenschaft selbst, die herausgefunden hat, daß Informationen über die Welt nur durch kausale Einwirkung auf unsere Sinnesrezeptoren in uns hineingelangen. Und doch hatte und hat dieses empirische Forschungsergebnis stets eine normative Pointe: Es gemahnt uns zur Vorsicht vor Telepathen und Wahrsagern.

[7] [Anm. d. Übers.: Zu dieser Überlegung, ebenso zentral für das vorige wie für das folgende, mag man sich aus Quines *Quiddities – An Intermittently Philosophical Dictionary* den Eintrag »Prediction« vergegenwärtigen.]

Darüber hinaus hat es die naturalisierte Erkenntnistheorie in ihren normativen Bereichen mit der Heuristik im allgemeinen zu tun – all den Strategien, mit denen wir bei der Hypothesenbildung in den Wissenschaften zu rationalen Vermutungen gelangen. Die dem Leser vorliegenden Seiten handeln zwar von der anschließenden Prüfung einer von Menschen bereits ausgedachten Theorie, denn ihr kommen ja erst die Wahrheitsbedingungen und der empirische Gehalt zu, doch der gesamte dabei übergangene Prozeß des Ausbrütens von Theorie wäre der Ort, an dem die normativen Erwägungen ins Spiel kämen. Ein Stück weit bin ich zusammen mit J.S. Ullian in unserem Bändchen *The Web of Belief* in diesen Bereich eingedrungen, nämlich dort, wo wir von fünf Tugenden sprachen, die bei einer Hypothese anzustreben sind: Konservatismus, Allgemeinheit, Einfachheit, Falsifizierbarkeit und Bescheidung. Weiteren Rat kann man sich aus der Wissenschaftsgeschichte und ihren Anekdoten zur Entstehung der strengen Wissenschaften einholen. Und wo sie auf eher formale Fragen bedacht ist, ringt die naturalisierte normative Epistemologie mit Dingen wie Fehlergrenzen, Irrtumswahrscheinlichkeiten, Zufallsabweichungen und was sonst noch so alles in die mathematische Disziplin der angewandten Statistik eingehen wird. (Vgl. § 5.)

Führe ich als die Verifikationsinstanzen der Wissenschaft Prognosen an, so betrachte ich dies aber nicht als etwas Normatives. Vielmehr gilt mir dieses Moment schlechterdings als das *Definitions*merkmal eines ganz besonderen Sprachspiels, um mich Wittgensteins Metapher zu bedienen: des Sprachspiels der Wissenschaft im Gegensatz zu allen anderen guten Sprachspielen, wie etwa Fiktion und Poesie. Ob einem Satz *überhaupt* der Stellenwert eines wissenschaftlichen Satzes zusteht, muß von seinem Beitrag zu einer Theorie abhängen, deren Prüfstein in ihren Voraussagen besteht.

In § 1 habe ich gleichermaßen betont, daß Prognose nicht das Hauptziel des wissenschaftlichen Sprachspiels ist, sondern das, was den Ausgang des Spiels entscheidet – gleichsam wie Bälle im Tennis, die im Feld oder außerhalb des Feldes sind. Von Zeit zu Zeit wird Voraussage auch zum Zweck und in grauen Vorzeiten war sie es, die der Wissenschaft ihren Überlebenswert sicherte. Doch in unseren Tagen geht es bei dem Wissenschaftsspiel in überwältigendem Maße zum einen um Technologie und zum anderen um unser Verstehen des Universums.

Das Wissenschaftsspiel ist keineswegs etwa auf das Physikalische abonniert, was auch immer hiermit gemeint sei. Zum einen haben sich physikalische Körper seit langem schon in Schwärme von Elementarteilchen aufgelöst und hat die Statistik von Bose und Einstein (§ 13) mittlerweile gar die Partikularität des Elementarteilchens angefochten. Und zum anderen kommen sogar Hellseherei und Telepathie nach wie vor als Möglichkeiten für die Wissenschaft in Frage, wenn auch als todgeweihte. Es würde ganz außergewöhnlicher Indizien bedürfen, um sie wiederzubeleben, doch sollte dies tatsächlich geschehen, hätte sich damit eben auch der Empirismus selbst – die oberste Norm der naturalisierten Erkenntnistheorie, wie wir gesehen haben – erledigt. Denn vergessen wir nicht, daß diese Norm – und mit ihr die gesamte naturalisierte Erkenntnistheorie – ihrerseits *Teil* der Wissenschaft ist und Wissenschaft stets fallibel und korrigierbar bleibt.

Auch nach einer derartigen Konvulsion wäre die Wissenschaft allemal noch Wissenschaft: unser gutes altes Sprachspiel, das noch immer Wahrnehmungsprognosen zu seinen Verifikationsinstanzen hätte. Der Zusammenbruch des Empirismus würde bedeuten, daß wir zu unserem Input von nun an auch noch telepathische Eingebungen und Erleuchtungen hinzuzurechnen hätten, doch der Prüfstein der aus alledem hervorgehenden Wissenschaft bestünde nach wie vor in vorausgesagten Sinnesreizungen.

Käme es tatsächlich zum Äußersten, dann täten wir gut daran, auch das wissenschaftliche Sprachspiel selbst zu berichtigen und als Verifikationsinstanzen neben Reizeingaben noch telepathische Eingaben und göttliche Eingebungen zuzulassen. Es ist jedoch müßig, in seine Definitionen immer schon ein Bollwerk gegen unplausible Phantasiemöglichkeiten einbauen zu wollen.

II · Bezug

§ 9 *Körper*

Wie wir sehen (§ 3), hatte es seine Vorteile, nicht mit Termen den Anfang zu machen, sondern vom Vorrang der Sätze auszugehen – von Beobachtungssätzen. Ein Vorteil war, daß die Erörterung der Natur der Vergegenständlichung und ihres Nutzens bis zur Einzeichnung eines erkenntnistheoretischen Hintergrunds erst einmal aufgeschoben werden konnte. Dort sind wir inzwischen angelangt.

Eine erste Reifizierung war bereits den prädikativen Beobachtungssätzen (§ 2) anzumerken. Für die ihnen eigene Art der Verbindung ist typisch, daß sie vor allem solche Beobachtungssätze zu einem Satzganzen kombiniert, die ihre Aufmerksamkeit auf deutlich abgehobene Portionen der Wahrnehmungsumgebung konzentrieren, denn schließlich bringt der Satzkomplex das Zusammentreffen derartiger Aufmerksamkeitszentren zum Ausdruck.

Eine zweite Phase der Reifizierung – und ein Schritt über gewöhnliche Beobachtungssätze hinaus – ließ sich am Übergang zu zentrierten kategorischen Beobachtungssätzen (§ 4) festmachen. Auch hier stelle ich mir vor, daß das Kind eine solche Konstruktion – wie schon bei den freien kategorischen Beobachtungssätzen – *zunächst* als den verallgemeinerten Ausdruck seiner *Erwartungs*haltung bewältigen lernt: Wann immer dies, dann auch das. Jedenfalls wird ihm der gravierende Unterschied zwischen den beiden kategorischen Beobachtungssätzen anfangs noch gar nicht aufgehen. Zur Erinnerung sei nochmals gesagt: Er besteht darin, daß ein *zentrierter* kategorischer Beobachtungssatz verlangt, daß die beiden Merkmale – etwa ›Rabe‹ und ›Schwarz‹ – in ein und demselben Szenarium miteinander verschmolzen sind, während der ontologisch unschuldige *freie* kategorische Beobachtungssatz noch nichts dergleichen voraussetzt. Doch werden die anfänglich mit ›Rabe‹ assoziierten Wahrnehmungsumgebungen in ihren Aufmerksamkeitszentren ebensogut immer einen Raben aufweisen, wie sich Schwarz in den ursprünglich mit ›Schwarz‹ assoziierten Umgebungen im Brennpunkt befinden wird. Insofern gilt zwar, daß bereits dieser primitive *freie* kategorische Beobachtungssatz dem späteren Erfordernis der Zentrierung genügt. Jedoch wird der prinzipielle Unterschied zwischen dem Freien und dem Zentrierten in den übrigen Fällen – und der zwischen Konjunktion und Prädikation (§ 2) – dem Kind zu gegebener Zeit erst nach und nach bewußt werden können.

Dank seiner schärferen Einstellung des Brennpunktes macht dann der zentrierte kategorische Beobachtungssatz – im Gegensatz zum freien – bereits unzweifelhaft den Eindruck, auf allgemeine Weise von Körpern zu handeln: von Weiden im einen und Raben im anderen Beispiel. Hier ist der Punkt, an dem ich, ontologisch gesprochen, Körper sich konstituieren sehe: als ideelle Knoten in den Zentren einander überschneidender Beobachtungssätze. Hier, behaupte ich, steckt die Wurzel der Reifizierung.

Für ein sehr kleines Kind, das noch gar nicht erst über Beobachtungssätze hinausgelangt ist, liegt die ständig aufs neue auftauchende Erscheinung eines Körpers auf weitgehend derselben Ebene wie all die zahllosen Reizähnlichkeiten, die keine Vergegenständlichung hervorrufen. Solche wieder und wieder sich darbietenden Konfrontationen mit einem Ball sind anfangs nur wie wiederholtes Schwitzen und Frösteln: sich auch nur fragen zu wollen, ob es sich dabei eigentlich um *denselben* Ball handelt oder lediglich um einen genau gleichen, würde hier ebensowenig greifen wie die Frage, ob man es denn nun mit demselben Sonnenstrahl oder mit demselben kühlen Luftzug zu tun hat. Unsere gesamte Erfahrung befindet sich, mit P. F. Strawson gesprochen, noch im Stadium des »Lokalisierens von *Merkmalen*«. Zur *Individuation* kommt es erst später.

Es ist zwar richtig, daß wir auch bemerken, wie ein Kleinkind von einem kontinuierlich sich bewegenden Gegenstand, der plötzlich hinter etwas verschwindet, offenkundig erwartet, daß er wieder auftaucht. Doch vollzieht sich dergleichen in der Präsenzzeit seines unmittelbaren Bewußtseins: als Reflex seiner Erwartung der Kontinuität eines präsenten Merkmals und noch nicht als echte Reidentifikation eines zwischenzeitlich abwesenden Individuums. Nicht minder irrelevant ist das Beispiel der anscheinenden Wahrnehmung eines wiederkehrenden Objekts durch einen Hund, da der Hund stets auf einen hochspezifischen Geruch reagiert (oder auf irgendein anderes *Merkmal*), der ja bei qualitativ ununterscheidbaren Bällen erst gar nicht zur Verfügung stehen könnte.

Für uns hingegen ist die Frage, ob wir es mit *demselben* guten Stück zu tun haben oder nur mit einem *gleichen* Ball, sogar dort nicht sinnlos, wo sie sich gar nicht beantworten läßt – und erst mit dieser Stufe ist die Reifizierung von Körpern vollständig ausgebildet. Unsere altehrwürdige Theorie von der Beharrlichkeit und Wiederkehr dauerhafter Körper ist das charakteristische Ergebnis des Gebrauchs, den wir zur Vereinheitlichung unseres Weltsystems von der Vergegenständlichung machen. Wollte ich wirklich entscheiden, ob der Pfennig, den ich soeben in meiner Hosentasche finde, derselbe ist wie der, den ich dort letzte Woche fand, oder ob er ihm womöglich bloß genau gleicht, hätte ich einer unerhörten Vielzahl von Aspekten des mir eigenen Systems von Gegenständen so lange nachzugehen, bis ich bei der einfachsten und plausibelsten Rekonstruktion meiner zwischenzeitlichen Bewegungen, Garderoben und Geldausgaben angelangt wäre.

Vielleicht gelingt auch anderen Lebewesen in gewissem Maße eine indirekte Gleichsetzung und Unterscheidung von Körpern. Unter Umständen gibt sich ein Hund, der nach einem (vor nicht allzu langer Zeit) an einer bestimmten Stelle verschwundenen Ball sucht, keineswegs mit einem ähnlichen Ball in wenig wahrscheinlicher Entfernung zufrieden. Wie dem auch sei, mir scheint jedenfalls auf der Hand zu liegen, daß solch eine Reifizierung dauerhafter Körper die Ressourcen von Beobachtungssätzen, kategorischen wie auch anderen, prinzipiell übersteigt. Die Reifizierung von Substanzen ist immer schon Theorie.

§ 10 *Werte der Variablen*

Selbst noch die hochkomplizierte Begrifflichkeit beständiger und wiederbegegnender Körper, die für unsere menschliche Ontologie so typisch ist, war für uns aber kaum mehr als ein Anfang. Im Zuge der unablässig fortschreitenden Systematisierung unserer Wissenschaft sind wir dazu übergegangen, alsbald auch Flüssigkeiten und die unsichtbare Luft zu vergegenständlichen und diese Dinge mit Körpern in einen einheitlichen Zusammenhang zu bringen, indem wir sie als Aggregate weiterer Körper auffaßten, die einfach zu klein sind, um noch wahrgenommen werden zu können. Doch auch dabei sind wir nicht eben stehengelieben. Seit längerem steht fest, daß die Naturwissenschaften obendrein noch auf abstrakte Entitäten angewiesen sind – auf Klassen, Funktionen, Zahlen.

Auf dieser Ebene stellt sich nun aber ein Problem: Was soll uns eigentlich als echte Vergegenständlichung gelten und was bloß als eine nützliche, aber ontologisch zu nichts verpflichtende Ausdrucksweise? Schließlich ergibt der Gedanke, der die Reifizierung von Körpern so zweifelsfrei zu kennzeichnen schien, nämlich Beständigkeit über unterschiedliche Reizphasen hinweg, im Falle abstrakter Objekte keinen guten Sinn. Anderswo habe ich geltend gemacht, daß daher das entscheidende Kennzeichen der Reifizierung in unserer Sprache und verwandten Idiomen generell im *Pronomen* zu sehen ist; und tatsächlich war es ja das ›sie‹ in Beispiel (1) von § 4, das bei den zentrierten kategorischen Beobachtungssätzen ein erstes Rumoren der Reifizierung signalisierte. Dieses Signal wird von den unterschiedlichen Relativpronomina und ihrem Umfeld in vollem Umfang empfangen und weiter ausgestrahlt.[8] Und wird eine solche Sprache anschließend nach Maßgabe der prädikatenlogischen Schreibweise reglementiert, sind ihre gebundenen Variablen die Ausdrücke, die *dann* die Rolle der Relativpronomina übernehmen.

Beobachtungssätze sind von den Wahrnehmungsbelegen her gesehen holophrastisch aufzufassen, wie ich in § 3 dargelegt habe, und aus der retrospektiven Sicht der Theorie analytisch oder Wort für Wort. Stellen wir uns auf diesen zweiten, theoretischen Standpunkt, ist ein zentrierter kategorischer Beobachtungssatz schlechterdings nichts anderes als ein Quantorenausdruck. Aus »Raben sind schwarz« wird dann

$$\forall x(x \text{ ist ein Rabe} \cdot \rightarrow \cdot x \text{ ist schwarz}).$$

Freie kategorische Beobachtungssätze wären ganz ähnlich zu konstruieren; gewöhnlich würde man dabei über Raum- oder Zeitstellen quantifizieren.

Jahrein, jahraus habe ich daher im Einklang mit dieser Lehre darauf bestanden, daß Sein nichts anderes heißt, als Wert einer Variablen zu sein. Oder genauer gesagt: Die Dinge, von denen man jeweils voraussetzt, daß sie existieren, sind die und nur die Dinge, die man als Werte seiner gebundenen Variablen zuläßt. Vielfach ist diese Doktrin als die auf der Hand liegende Trivialität erkannt worden, die sie in der Tat auch ist. Doch ebenso ist sie für unannehmbar erklärt worden, sogar von Leuten, die meine grundsätzliche philosophische Sicht der Dinge teilen. Daher lasse man mich an dieser Stelle einige meiner Überlegungen ins rechte Licht rücken.

Wir erklären den Ausdruck ›$\exists x$‹ der Existenzquantifikation als eine künstliche Schreibweise, die nichts weiter leistet, als die Worte ›Es gibt etwas, für das gilt‹ logisch zu symbolisieren. Was auch immer wir also sonst noch über das Sein oder über Exi-

[8] Siehe *Theorien und Dinge*, S. 15–16.

stenz von uns geben mögen, sind für existierend geltende Dinge erklärtermaßen keine anderen als jene, die bei Quantifikationen als Werte für ›*x*‹ in Frage kommen. So trivial und offensichtlich ist die Sachlage.

Man hat mir entgegengehalten, daß es sich bei der Frage »Was gibt es?« allemal um eine Tatsachenfrage handelt und mithin um kein sprachliches Problem. Ganz recht. Doch sagen oder voraussetzen, was es gibt, ist und bleibt eine Angelegenheit der Sprache – und hier sind gebundene Variablen am Platz.

Außerdem hat man mir eingewandt, die Quantorenschreibweise der formalen Logik lege doch an ontologische Voraussetzungen ein beliebiges und eher provinzielles Richtmaß an. Die korrekte Antwort auf diese Einrede lautet, daß sich dieser Maßstab insoweit auf jede andere Sprache übertragen läßt, als wir darüber ins Reine gekommen sind, wie unsere Quantifikation in diese Sprache zu übersetzen ist. Für den Prädikaten-Funktoren-Kalkül beispielsweise lautet das äquivalente Prinzip: Was man als existierend gelten läßt, ist jeweils das, worauf die einstelligen Prädikate (und ihre Komplemente) zutreffen. Und für unser Alltagsdeutsch lautet es, wie schon gesagt: Wir unterstellen genau das als seiend, wovon wir annehmen, daß sich unsere Relativpronomina darauf beziehen. Nur selten geht allerdings unser Alltagsdiskurs mit ontologischen Fragen sonderlich penibel um, weshalb eine Analyse, die sich auf die Relativpronomina der Alltagssprache beruft, stets eine ganz schön unaufgeräumte Welt zutage fördern wird. Wenn es darauf ankommt, kann man aber ontologische Klarheit und Einfachheit durch Paraphrasen herstellen, und zwar immer noch mit den Mitteln gewöhnlicher Relativsätze und Pronomina anstelle formallogischer Quantoren und gebundener Variablen. Heutzutage ist allerdings die Quantorenschreibweise so weithin bekannt und verbreitet, sobald es ausdrücklich um ontologische Finessen geht, daß ich sie zu meinem Paradigma gemacht habe.

Bezugnahme denkt man sich gern in erster Linie so, als würden Namen und sonstige singuläre Terme den von ihnen bezeichneten Objekten zugeordnet. Doch nicht selten gelingt es ja singulären Termen gar nicht erst, sich auf etwas zu beziehen. Und umgekehrt lehrt uns die Mengentheorie, daß es, egal wie reich unsere Notation und wie umständlich unsere Ausdrucksweise ausfallen mögen, immer auch Objekte geben *muß*, die nicht individuell spezifizierbar sind – insbesondere, daß es unspezifizierbare irrationale Zahlen geben muß. Erst Variablen lassen hingegen ausnahmslos alle Gegenstände als Werte zu, seien diese nun unspezifizierbar oder nicht.

Ist unsere Sprache dann einmal nach Maßgabe des Prädikatenkalküls reglementiert, wird es überdies zu einer leichten und lehrreichen Übung, sich singulärer Terme insgesamt zu entledigen und Variablen als die einzigen Bindeglieder zu den Objekten zuzulassen. Hierbei ist es einfach die Äquivalenz von ›$\exists x(Fx$ und $a = x)$‹ mit ›Fa‹, die uns das zugrundeliegende Prinzip liefert, denn sie ermöglicht es uns, jedes Vorkommnis von ›a‹ in den Kontext ›$a=$‹ hineinzumanövrieren und den resultierenden Kontext dann als unanalysierbares Prädikat ›A‹ zu behandeln, das den singulären Term absorbiert. Singuläre Terme lassen sich anschließend als nützliche Abkürzungen nach Belieben wiederherstellen, indem wir auf die von Bertrand Russell entdeckte Weise sogenannte »Kennzeichnungen« einführen und uns ›a‹ als ›$(\iota x)\ Ax$‹ definieren.[9]

Sollten wir bei irgendeiner Sprache einmal prinzipiell nicht zu einer befriedigenden kontextuellen Übersetzung des ›es gibt‹ (und mithin der Existenzquantifikation) gelangen können, muß zwangsläufig auch unser Vorhaben scheitern, die Ontologie der Verwender dieser Sprache zu ermitteln. Einige Sprachen sind womöglich so grundverschieden von unserer eigenen, daß jede erdenkliche Übersetzung des ›Es gibt‹ oder ›$\exists x$‹, wie verschlagen kontextuell sie auch immer ausfallen würde, viel zu gewaltsam

[9] Dazu lese man §§ 37–39 von *Wort und Gegenstand*, dt. von D. Birnbacher und J. Schulte, Stuttgart: Reclam 1980.

und hergeholt wäre, um uns zu befriedigen. Den Sprechern einer solchen Sprache dann überhaupt den Gedanken einer – uns unbekannten oder bekannten – Ontologie zu unterstellen, hieße, willkürlich eine durch nichts gerechtfertigte Projektion einer provinziellen Kategorie vorzunehmen, die nur unserer eigenen Sprechergemeinschaft eigentümlich ist. Damit erkenne ich also durchaus an, daß ontologische Voraussetzungen provinzielle Spezialitäten sind, aber diese Provinz umfaßt allemal mehr als die Gemeinde der mathematischen Logiker.

§ 11 *Nutzen der Reifizierung*

Das erste Anzeichen der Reifizierung entdeckten wir bei der prädikativen Verbindung von Beobachtungssätzen, im Gegensatz zu ihrer bloßen Konjunktion. Eine Prädikation leistet eine stärkere Verknüpfung als jede Konjunktion: sie verlangt, daß eine Einbettung des Kiesels ins Blaue (§ 2) oder des Raben ins Schwarze stattfindet, während bloße Konjunktion die beiden Merkmale auch ihrer eigenen Wege ziehen lassen kann.

Somit stellen wir fest, daß Reifizierung bereits zu Beginn ihrer Laufbahn bei der Herstellung logischer Beziehungen zwischen Beobachtung und Theorie mitwirkt, und zwar indem sie durch Wahrheitsfunktionen geknüpfte Knoten festzieht. Etwas emphatischer habe ich diesen Gesichtspunkt anderswo anhand des folgenden viergliedrigen Beispiels herausgestellt:

(1) Eine weiße Katze steht einem Hund gegenüber und sträubt ihr Fell.

Vier elementare Beobachtungssätze liegen diesem Komplex zugrunde. Der erste davon lautet »Katze« oder – in Analogie zum ontologisch unschuldigen »Es regnet« – »Es katzt«. Bei den übrigen drei handelt es sich um die *Sätze* »Weiß«, »Hundewärtsschauend« und »Fell-sträubend«. Gleichwohl kann (1) nicht als bloße Konjunktion der vier einfachen Sätze aufgefaßt werden, denn eine Konjunktion würde eine zu lockere Verbindung knüpfen. Sie würde uns lediglich die Auskunft geben, daß in einer und derselben Umgebung viererlei stattfindet, doch wir wollten gerade, daß alle vier Dinge einander in demselben Teil der Umgebung überlagern. Und es ist diese Straffung der Verbindung, die man erzielt, sobald man unsere viergliedrige Konjunktion der Existenzquantifikation unterzieht:

> Etwas katzt und ist weiß und ist
> hundewärts-schauend und ist fell-sträubend

was geradewegs auf (1) hinausläuft. Soeben wurde wohlgemerkt ein Gegenstand postuliert, eine Katze.[10]

Ungeachtet seiner Komplexität handelt es sich bei (1) um einen Beobachtungssatz, denn er *könnte* im Prinzip auch durch direkte Konditionierung auf die komplexe Situation selbst, von der er handelt, gelernt werden – vorausgesetzt, diese Situation würde immer wieder aufs neue erscheinen und wesentlich öfter beschrieben werden, als man dies erwarten kann. Doch soll unser Beispiel ja für eine unbegrenzte Vielzahl nicht minder komplexer und obendrein unvorhersehbarer Beobachtungssätze stehen. Es besteht keinerlei Hoffnung, jeden dieser Sätze direkt erlernen zu können. Wir sind darum gezwungen, sie systematisch aus ihren Bestandteilen aufzubauen, und zu unserer Rettung rufen wir an just dieser Stelle Vergegenständlichung herbei.

Für die Zwecke des obigen Kontexts wäre eine momentane Katzenphase völlig ausreichend; es bedarf dort keiner beständigen Katze. Um das Bedürfnis dauerhafter Katzen zu veranschaulichen, muß ich über Beobachtungssätze hinausgehen und annehmen, wir hätten uns irgendwie bereits weit genug in die

[10] Mein Ansatz ließ sich hier von Donald Davidsons Logik der Adverbien inspirieren, wie sie beispielsweise in seinem Buch *Handlung und Ereignis* auf S. 237 zu finden ist. Von mir selbst vergleiche man zu dieser Thematik meinen Aufsatz »Ereignisse und Reifizierung«.

wissenschaftliche Theorie vorgearbeitet, um von Zeitpunkten zu handeln, von früher und später. Angenommen, wir wollten nun den folgenden Gedanken mitteilen:

(2) Wenn eine Katze verdorbenen Fisch frißt und ihr wird dann schlecht, wird sie hernach Fisch meiden.

Dies Beispiel dürfen wir nicht als bloße ›Wenn-dann‹-Kombination zweier sich selbst genügender Gliedsätze analysieren. Wie das ›und‹ im vorangegangenen Beispiel ist eine ›Wenn-dann‹-Verbindung einfach zu locker. Hier hat es sich in beiden Sätzen um dieselbe Katze zu handeln und damit um eine dauerhafte Katze. In Wirklichkeit ist unser Beispiel ein allquantifizierter Bedingungssatz:

> Alles ist derart, daß es, sofern es eine Katze ist und verdorbenen Fisch frißt und ihm schlecht wird, in Zukunft Fisch meiden wird.

Hilary Putnam und Charles Parsons haben beide dargetan, wie im Rückgriff auf einen der Möglichkeitsoperatoren der Modallogik abstrakte Objekte eingespart werden können.[11] Soeben haben wir nun die Kehrseite derselben Medaille zu sehen bekommen: Das Postulieren von Gegenständen kann unsere nur locker bindenden Wahrheitsfunktionen straffen helfen, ohne daß wir zu Modaloperatoren greifen müssen. Wo immer ich mich mit solchen Tauschangeboten konfrontiert sehe, entscheide ich mich für das Setzen von Gegenständen. Abstrakte Objekte postuliere ich im großen und ganzen zwar eher nolens als volens, doch sobald das einzig ersichtliche alternative Vorgehen auf Modaloperatoren angewiesen wäre, durchaus mit einem Gefühl der Dankbarkeit. (Siehe dazu auch § 30.)

[11] Vgl. Hilary Putnam, »Mathematics without Foundations«, in seinen *Philosophical Papers I: Mathematics, Matter and Method*, New York: Cambridge University Press 1975, S. 47-49; und Charles Parsons, *Mathematics in Philosophy – Selected Essays*, Ithaca: Cornell University Press 1983, S. 44–47.

Meine Beispiele wollen nur einen elementaren Begriff davon vermitteln, wie man es sich zu denken hätte, daß Objektivierung und Objektbezug einen Beitrag zu der elaborierten Struktur leisten können, die Wissenschaft mit ihren Wahrnehmungsbelegen verbindet. In ihrer rudimentärsten Phase fungiert Reifizierung nach dem vorigen als Werkzeug zur konvergierenden Zentrierung von Beobachtungssätzen, wie in Beispiel (1). Und auch auf komplizierteren Ebenen noch bleibt Verkettung durch Anaphern, die Verzahnung von Querverweisen, wie man sie in Beispiel (2) findet, ihr Geschäft. Es ist keineswegs Zufall, daß genau dies die Aufgabe von Pronomina, mithin von gebundenen Variablen, ist. Sein heißt eben, Wert einer Variablen zu sein.

§ 12 *Gleichgültigkeit der Ontologie*

Nach dem vorigen treten Bezug und Ontologie also in den Hintergrund und erhalten den Stellenwert bloßer Werkzeuge. Wahre *Sätze* – Beobachtungssätze und andere Sätze – sind das Alpha und Omega des wissenschaftlichen Geschäfts. Sie sind kraft ihrer *Struktur* miteinander verbunden, und Gegenstände spielen darin lediglich die strukturierende Rolle der unabdingbaren Knoten eines solchen Satzgewebes.[12] Welche Einzeldinge es möglicherweise gibt oder nicht gibt, tut keinerlei Eintrag: Es ist gleichgültig für die Wahrheit von Beobachtungssätzen, gleichgültig für die Bestätigung, die sie theoretischen Sätzen verleihen, und gleichgültig für den prognostischen Erfolg der Theorie.

Dieser Lektion läßt sich mit Hilfe der von mir so genannten *Stellvertreterfunktionen* mehr Nachdruck verleihen. Eine Stell-

[12] [Anm. d. Übers.: Siehe an dieser Stelle in dem Vortrag »Gegenstand und Beobachtung« des Autors auf S. 422 einen näher erläuterten Hinweis Quines auf Überlegungen der Philosophen Jeremy Bentham und Frank P. Ramsey sowie auf Bertrand Russells Werk von 1927: *Die Analyse der Materie*, übersetzt von Kurt Grelling, Leipzig: Teubner 1927.]

vertreterfunktion ist jede explizite umkehrbar eindeutige Transformation *f*, die über die Objekte unseres vermeintlichen Gegenstandsbereichs definiert ist. Mit ›explizit‹ meine ich, daß wir für jedes Objekt *x*, das in irgendeiner akzeptablen Schreibweise spezifiziert ist, *fx* angeben können. Nehmen wir nun an, wir variierten unsere Ontologie, indem wir unsere Prädikate so uminterpretierten, daß sie von nun an auf die Korrelate *fx* jener Objekte *x* zutreffen, auf die sie ursprünglich zutrafen. Wenn beispielsweise ›*Px*‹ ursprünglich bedeutete, daß *x* ein *P* war, interpretieren wir also ›*Px*‹ so um, daß es bedeutet, daß *x* nunmehr *f* eines *P* ist; und entsprechend für zwei- und mehrstellige Prädikate. Singuläre Terme können wir angesichts der Überlegungen von § 10 übergehen. Wir belassen sämtliche Sätze Buchstabe für Buchstabe unverändert in ihrem ursprünglichen Zustand und interpretieren sie lediglich stillschweigend um. Beobachtungssätze bleiben also *verbatim* mit den gleichen Wahrnehmungsreizen korreliert wie zuvor, und das Geflecht der logischen Satzverbindungen bleibt in alle Richtungen intakt. Doch die Objekte der Theorie haben sich so drastisch geändert, wie man nur will.[13]

Manchmal brauchen wir nicht mehr zu verlangen, daß die Stellvertreterfunktion umkehrbar eindeutig ist. Man denke beispielsweise an die sogenannten »Gödelzahlen«, die Kurt Gödel im Beweis seines berühmten Unvollständigkeitssatzes sprachlichen Ausdrücken zugeordnet hat. Zwar wäre es im Rahmen unserer Globaltheorie der Dinge unnatürlich, die Ausdrücke mit diesen Zahlen gleichzusetzen, doch bestünde unter Umständen gleichwohl keine Notwendigkeit, sie voneinander zu unterscheiden. In einem solchen Fall dürfte eine Stellvertreterfunktion sie dann ebensogut gleich behandeln und den Ausdrücken dieselben Stellvertreter zuordnen wie den Zahlen.

[13] Mehr darüber bietet meine Abhandlung *Ontologische Relativität*, übersetzt von Wolfgang Spohn, Stuttgart: Reclam 1975, S. 79–83.

Mein gegenwärtiger Zweck war jedoch der, die Gleichgültigkeit der Ontologie zu erweisen, und dafür reichen mir umkehrbar eindeutige Stellvertreterfunktionen aus. Ein radikaleres Argument zugunsten meiner These von der Gleichgültigkeit der Ontologie liefert das Theorem von Löwenheim-Skolem in der verschärften Form, die auf Hilbert und Bernays zurückgeht.[14] Angewandt auf eine Theorie, die in einer prädikatenlogischen Sprache ohne singuläre Terme und mit endlich vielen Axiomen formuliert ist, erlaubt dieses Theorem uns eine wahrheitserhaltende Uminterpretation der Prädikate derart, daß das Universum der Theorie nur noch aus den natürlichen Zahlen 0, 1, 2, … besteht. Das Theorem überführt zwar nicht, wie die Stellvertreterfunktionen, jedes der alten Objekte in ein ganz bestimmtes neues Objekt, in eine bestimmte Zahl. Dergleichen war nicht zu erhoffen, denn manche unendlichen Gegenstandsbereiche – namentlich der Bereich der irrationalen Zahlen – sind von einer zu hohen Kardinalität, um noch auf dem Wege der Korrelation mit natürlichen Zahlen ausgeschöpft werden zu können. Doch trotz dieser Einschränkung bleiben auch nach unseren Umdeutungen sämtliche Beobachtungssätze mit denselben guten alten Nervenreizungen assoziiert und die logischen Verbindungen in ihrer Gesamtheit unangetastet.

Haben wir dann das Weltsystem oder einen Teil dieses Systems einer geeigneten Reglementierung unterzogen, steht es uns frei, letztlich das gesamte System so umzudeuten, daß wir ausschließlich mit der sparsamen Ontologie ganzer Zahlen auskommen; nichts anderes besagt das verschärfte Löwenheim-Skolem-Theorem. Doch hätten wir unsere Wissenschaft nicht immer schon von Anbeginn an unter dieser Interpretation gewinnen können, da die Zahlen ja nicht in umkehrbar eindeutiger Weise den einzelnen Reifikaten entsprechen, die uns gleichsam zur Überque-

[14] Vgl. S. 209–211 in der vierten amerikanischen Fassung meines Lehrbuchs *Methods of Logic*.

rung des Wassers als Sprungbretter herhalten mußten. In der Praxis – aus heuristischen Gründen – sind wir vermutlich gezwungen, Wissenschaft nach wie vor auf die alte Weise zu treiben, die Stellvertreterfunktionen zumindest zugänglich ist.

§ 13 *Auflösung der Ontologie*

Wir haben festgestellt, daß zwei explizit und umkehrbar eindeutig miteinander korrelierbare Ontologien empirisch gleichwertig sind: Es kann keinen empirischen Grund geben, die eine der anderen vorzuziehen. Empirisch von Belang sind an einer Ontologie ausschließlich die besagten neutralen Knoten, die sie zur Struktur der Theorie beiträgt. Wir könnten ›Tabhita‹ so uminterpretieren, daß sich der Ausdruck nicht mehr auf Peter Geachs Katze bezieht, sondern auf den gesamten Kosmos minus die Katze; oder auch: auf die Einheitsklasse der Katze, also die Menge, deren einziges Element diese Katze ist. Reinterpretieren wir dann auch die Gesamtheit der übrigen Terme für Körper in der entsprechenden Weise, erhalten wir eine Ontologie, die mit unserer vertrauten Alltagsontologie austauschbar ist. Als *ganze* sind die beiden Ontologien empirisch ununterscheidbar. Auch nach einer solchen Umdeutung bleiben unter der einen wie unter der anderen Interpretation die Körper noch immer verschieden von ihren kosmischen Komplementen oder von ihren Einheitsklassen: Die Unterscheidung erfolgt eben auf eine relativistische Weise, durch die Rolle, die das eine relativ zum anderen und zur übrigen Ontologie spielt. Von daher versteht sich meine Losung »Ontologische Relativität«. Mehr dazu bietet § 20.

Wie zentral die Unterscheidung zwischen Termen und Beobachtungssätzen ist, dämmerte uns bereits in § 3 und § 9 und tut es auch an dieser Stelle wieder: »Dort ist ein Kaninchen« bleibt selbst dann noch mit den typischen Sinnesreizungen verknüpft, anhand derer wir den Satz gelernt haben, wenn wir den *Term* ›Kaninchen‹

so uminterpretieren, daß er sich nunmehr auf kosmische Komplemente oder Einheitsklassen von Kaninchen bezieht. Nach wie vor weckt der Term Visionen, die zu dem Beobachtungssatz passen, anhand dessen der Term ursprünglich gelernt wurde, und so wird es auch immer sein. Doch sind der Reinterpretation damit nicht etwa empirische Grenzen gesetzt. Die ursprünglichen Wahrnehmungsassoziationen waren lediglich genetisch unentbehrlich – zur Erzeugung der Knoten nämlich, mit deren Hilfe wir unsere Welttheorie strukturieren. Als unser Erfahrungszeugnis für die Theorie kommt es aber ausschließlich auf zweierlei an: auf erstens die Reizbasis der Beobachtungs*sätze* und zweitens die Struktur, die vermöge jener neutralen Knoten zustande kommt. Die Reize bleiben zwar so kaninchenhaft wie immer, doch der entsprechende Knoten oder Gegenstand wird in der Folge neutral und ist dem Belieben anheimgestellt.

Unsere Urreifikate waren von jeher Körper, was an den angeborenen Ähnlichkeitsmaßstäben unserer Wahrnehmung liegt. Es würde nicht das mindeste einbringen, sie wirklich gegen Stellvertreter zu tauschen, und die Pointe unseres Arguments war lediglich, daß man dies *könnte*. Doch die reiflich überlegten Verbesserungen, die eine ausgefeilte wissenschaftliche Theorie an unserem Weltbild vornimmt, lassen sich nicht mehr in solch hartnäckiger Weise von unseren ontologischen Vorbegriffen gängeln. Anfangs stellten sich die Physiker in ihrer Phantasie die Elementarteilchen und die Lichtwellen zwar durchaus noch nach dem Modell unserer trauten Wahrnehmungsgegenstände vor, doch sind sie dann dazu übergegangen, die ursprünglichen Analogien mehr und mehr auszuhöhlen. Die Teilchen begannen Körpern immer unähnlicher zu werden und die Wellen eher Energieschwingungen im Raum zu gleichen. Und wenn es sich darum handelt, abstrakte Gegenstände zu postulieren, Zahlen und andere, machen wir uns einige wissenschaftlich ergiebige Konfusionen später sogar zunutze, die wir uns im Verlauf der Psychogenese unseres Objektbezugs haben zuschulden kommen lassen – eine Thematik, der ich in meiner Abhandlung *Die Wurzeln der Referenz* eigens eine spekulative Untersuchung angedeihen ließ. Sprache und Wissenschaft haben also ihre Wurzeln jeweils in etwas, wovon gute wissenschaftliche Sprachpraxis in der Folge Abstand nimmt. Oder mit Wittgensteins Metapher: Wir werfen die Leiter eben weg, nachdem wir auf ihr hinaufgestiegen sind.

Entdeckungen, die heute als Bose-Einstein- und Fermi-Einstein-Statistik geläufig sind, weisen darauf hin, wie wir uns womöglich genötigt sehen könnten, sogar die traditionelleren Elementarteilchen als Werte unserer Variablen zu verabschieden, statt sie beizubehalten und uns einstweilen einfach mit ihren mysteriösen Launen abzufinden. Diese Ergebnisse scheinen zu zeigen, daß es noch nicht einmal im Prinzip einen Unterschied macht, ob wir zwei Elementarteilchen einer bestimmten Sorte jeweils an den Örtern *a* und *b* lokalisieren oder umgekehrt von ihnen sagen, das eine befände sich am Ort *b* und das andere am Ort *a*. Sollte dies richtig sein, hätte es nicht mehr bloß den Anschein, daß Elementarteilchen von Körpern grundverschieden sind, sondern vielmehr, daß es solche Bewohner der Raumzeit erst gar nicht gibt! Statt davon auszugehen, daß zwei Dinge jeweils die Örter *a* und *b* einnehmen, sollten wir dann besser sagen, daß sich die beiden Örter lediglich in gewissen *Zuständen*, ja, in demselben Zustand befinden.

Vielleicht werden die Physiker mit dieser Verlegenheit auch auf andere Weise fertig. Aber ich schätze das Beispiel, weil es illustriert, welcher Art die Überlegungen in Wahrheit sind, die uns veranlassen könnten, einige unserer hypothetischen Objekte zu verabschieden. Die genannte Überlegung hängt nämlich mitnichten von etwaigen positivistischen Skrupeln hinsichtlich theoretischer Entitäten ab. Sie beruht vielmehr auf theorieinternen Spannungen.

Theorien können mitunter sogar noch drastischere Wendungen nehmen, die dann nicht mehr nur jemandes heißgeliebte Ontologie der Elementarteilchen bedrohen, sondern den ureigensten

Sinn der ontologischen Fragestellung selbst – den Sinn der Frage, was es gibt. Was ich schlechterdings als Standardform für jegliche Existenzansprüche auserkoren habe, nämlich die Quantifikation, kann die Rolle eines solchen Maßstabs nur im Rahmen einer eben standardisierten und darum reglementierten Form der Sprache spielen, wie wir sie uns weiter oben vorgestellt haben: in einer Sprache, deren sonstiger Apparat nicht über Wahrheitsfunktionen und Prädikate hinausgeht. Sobald es nun in diesem übrigen Apparat zu irgendwelchen ungewöhnlichen Veränderungen kommt, werden auch Wechselkursprobleme aufkommen: Wir können dann so lange nicht sagen, welcher existentielle Gehalt womöglich die von außen eingeführten Devisen der Sprache hinzufügen, als wir nicht entschieden haben, wie all dies in unsere Standardform zu übersetzen wäre. Bekanntlich lädt im besonderen die Quantenmechanik zu Änderungen der Logik ein, deren Zurückführung auf die alten Standards keineswegs offensichtlich ist. Nach einer möglichen Lesart nehmen diese Abweichungen die Form probabilistischer Prädikationen an. Doch nach einer konkurrierenden Lesart verlangen sie uns ein fundamentales Abrükken von der Logik der Wahrheitsfunktionen ab. Sobald sich der aufgewirbelte Staub gelegt haben wird, könnte es sich herausstellen, daß womöglich die Zeiten sogar des Existenzbegriffs, zumindest in seiner alten Form, vorüber sind. Es könnte sich uns dann eines Tages ein anderer Begriff auftun, der dem Existenzbegriff in mancherlei Hinsicht ähnlich genug wäre, um seinen Namen zu erben. So pflegt es Terminologien generell zu ergehen. Ob wir an einem solchen Punkt dann sagen sollen, daß wir neue Einsichten über Existenz gewonnen haben oder daß wir über den Existenzbegriff vielmehr hinausgewachsen sind und bloß noch das Wort weiterverwenden, ist ebensogut eine rein terminologische Frage.

Die Objektivität unseres Wissens von der Außenwelt bleibt nach wie vor in unserem kausalen Kontakt mit der äußeren Wirklichkeit verwurzelt: in alldem, was unser Gehirn in sich aufnimmt, und in den Beobachtungs*sätzen*, die auf diesen neuronalen Input reagieren. Unser Ausgangspunkt ist nicht der Term, sondern der monolithische Satz. Und Stellvertreterfunktionen lehren uns unter anderem, daß auch unsere Ontologie – wie bereits die Grammatik – zu dem begrifflichen Beitrag gehört, den *wir* zu unserer Welttheorie erbringen. Der Mensch macht Vorschläge, die Welt entscheidet. Aber sie tut dies nur durch holophrastische Ja-oder-Nein-Entscheidungen über die Beobachtungssätze, in die menschliche Prognosen eingehen.

III · Bedeutung

§ 14 *Die Eingangsbresche für den Sprachforscher*

Im alten Indien stritten Philosophen darüber, ob Sätze oder vielmehr Wörter die ursprünglichen Vehikel der Bedeutung seien. Für Wörter spricht zwar, daß ihre Anzahl begrenzt ist und daß sie ein für allemal gelernt werden können. Sätze hingegen gibt es unbegrenzt viele, und wir werden sie vollständig nur bewältigen können, indem wir lernen, wie sie nach Bedarf aus schon gelernten Wörtern zu konstruieren sind. Doch unbeschadet dieser Sachlage kann gesagt werden, daß Wörter *gleichwohl* ihre Bedeutung der Rolle verdanken, die sie in Sätzen spielen. Kurze Sätze lernen wir jeweils als ganze; die Wörter, aus denen sie bestehen, erlernen wir, indem wir sie zunächst in solchen Sätzen verwenden lernen und uns in der Folge dann weitere Sätze aus den so gelernten Wörtern aufbauen. Siehe dazu § 23.

Die Suche nach einer klaren und gehaltvollen Auffassung von Bedeutungen sollte also mit einer Untersuchung der Sätze beginnen. Da nun die Bedeutung eines Satzes in einer Sprache jeweils als das galt, was dieser Satz mit seinen Übersetzungen in anderen Sprachen gemeinsam hat, habe ich seinerzeit mein Gedankenexperiment der »radikalen Übersetzung« ins Spiel gebracht. Sein Ergebnis war negativ: die These von der Unbestimmtheit der Übersetzung.

Kritiker gaben zu bedenken, die Unbestimmtheitsthese folge doch geradewegs aus meinem Behaviorismus. Manche von ihnen hielten sie obendrein für eine *Reductio ad absurdum* meines Behaviorismus. Was letztere These anbelangt, bin ich anderer Meinung, doch der ersten Beobachtung stimme ich voll und ganz zu. Ich gehe sogar noch weiter: Ich behaupte, daß am behavioristischen Ansatz schlechterdings kein Weg vorbeiführt. In der

Psychologie hat man im jeweiligen Fall noch die Wahl, ob man Behaviorist sein will oder nicht; doch in der Sprachwissenschaft ist man dazu gezwungen. Seine *Sprache* erwirbt ein jeder von uns zwangsläufig teils durch Beobachtung des sprachlichen Verhaltens anderer, teils auf dem Wege der Beobachtung plus Verstärkung (oder aber Korrektur) seines eigenen sprachlichen Verhaltens durch andere. Stets sind wir dabei einer wie der andere im strengstmöglichen Sinne *angewiesen auf* wahrnehmbares Verhalten in beobachtbaren Situationen. Solange unsere Sprachbeherrschung sämtliche äußeren Kontrollen passiert und unsere Äußerungen ebenso wie unsere Reaktionen auf die Äußerungen anderer im Lichte einer allen Beteiligten gemeinsamen Situation ausgewertet werden können, so lange ist alles in bester Ordnung. Es ist dann buchstäblich gleichgültig, welcher Art außerdem noch das psychische Leben ist, das sich zwischen diesen externen Verifikationspunkten abspielt. Wie auch immer unsere Innenwelt beschaffen sein mag, gelten wir dann allemal als jemand, der die betreffende Sprache *kann.* In die semantische Bedeutung von etwas Sprachlichem wird mithin nicht mehr eingehen können als das, was *wahrnehmbarem Verhalten in beobachtbaren Situationen* auch zu entnehmen ist.

In meinem Gedankenexperiment ist eine Sprache namens *Dschungel* die im Jargon so genannte »Quellensprache« und Deutsch die »Zielsprache«. Laut Voraussetzung ist es unmöglich, auf dem Umweg über eine der uns bereits bekannten Sprachen in dieses *Dschungel* einzudringen. Die eigenen Äußerungen der Eingeborenen und die von außen beobachtbaren Umstände, die mit ihnen einhergehen, machen die einzigen Daten aus, die überhaupt zur Verfügung stehen. Zugegebenermaßen eine recht magere Datenbasis, doch verfügt der Muttersprachler selber über keine reichere.

Durch hypothetische Extrapolation auf der Basis solcher Daten wird unser Sprachforscher sich ein Übersetzungshandbuch zusammenstellen, doch Bestätigungen für seine vorläufigen Vermutungen wird er nur spärlich finden. Für gewöhnlich erlaubt es uns eine zeitlich parallele und dabei öffentlich beobachtbare Situation nämlich noch nicht einmal, die Äußerungen eines Sprechers der eigenen Sprache vorauszusagen, da unsere Äußerungen normalerweise wenig mit den Umständen zu schaffen haben, die zum jeweiligen Zeitpunkt von außen beobachtet werden können – man denke nur an all die unterschiedlichen Vorhaben, die uns zu dieser Zeit in Anspruch nehmen, und an die andersartigen Erfahrungen, die wir in der Vergangenheit gemacht haben. Und dem muß so ja sein, denn im Grunde eignet einer Sprache nur deshalb überhaupt ein kommunikativer Nutzen. Äußerungen, die wir immer schon prognostizieren könnten, würden uns schwerlich etwas Neues zu sagen haben.

Es gibt aber auch Sätze, die in einer durchaus strikten Weise von den intersubjektiv beobachtbaren Situationen abhängen, mit denen sie einhergehen: die Beobachtungssätze nämlich, in denen wir im ersten Kapitel sowohl das ursprüngliche Ventil, durch das unsere wissenschaftlichen Indizien über die Außenwelt eingesogen werden, als auch die kindliche Schleuse in die Sprache erkannten. In dem Zusammenhang, der uns im vorliegenden Kapitel beschäftigt, machen diese Sätze nun in derselben Weise die Eingangsbresche unseres Sprachforschers in die unübersetzte Dschungelsprache aus. Bei seinen ersten Lernschritten werden zwar auch andere Äußerungen – Grüße, Befehle, Fragen – eine Rolle spielen, doch die ersten Aussagesätze, die er zu erlernen hat, werden unabdingbar immer Beobachtungssätze sein müssen, die meisten davon Einwortsätze. Versuchsweise verbindet der Sprachforscher eine Äußerung des Eingeborenen mit irgendeiner zeitlich parallelen äußeren Situation, die ihm auffällt, in der Hoffnung, daß es sich bei dieser Äußerung womöglich um einen schlichten Beobachtungssatz handelt, der mit dieser Situation beständig verknüpft ist. Und um ebendiese Hypothese der Erfahrungsprobe zu unterziehen, wird er bei Wiederkehr einer solchen Situation die Initiative ergreifen und seinerseits den Satz einem Eingeborenen anbieten, um Zustimmung oder Ablehnung zu provozieren: Er wird seine Vermutung also am Konsens oder Dissens eines Eingeborenen *überprüfen*.

Bei diesem Verfahren werden bejahende und verneinende Reaktionen von Versuchspersonen systematisch ausgebeutet, und genau darin besteht *en miniature* der große Vorzug, den eine *experimentelle* Wissenschaft wie die Physik jeder bloßen Beobachtungswissenschaft wie der Astronomie voraushat. Um es anwenden zu können, muß der Sprachforscher in der Lage sein – wenn auch erst einmal nur vermutungsweise –, bei seinen Dschungelbewohnern die typischen Zeichen für Zustimmung und Ablehnung auszumachen. Rät er falsch und irrt er sich bezüglich dieser Anzeichen des Bejahens oder Verneinens, wird seine weitere Erforschung der unerschlossenen Sprache alsbald stagnieren, und er wird es von neuem versuchen müssen. Bei seinem Versuch, diese Anzeichen zu identifizieren, kann er sich aber auf eine beachtliche Masse von Daten stützen. Um nur das mindeste zu nennen, wird ein Sprecher beispielsweise einem Satz in allen Situationen zustimmen, in denen er ihn auch seinerseits spontan verwenden würde.

Das dem Beobachtungssatz des Eingeborenen und der Übersetzung des Sprachforschers jeweils Gemeinsame ist hiernach die beobachtbare Situation, die zusammen mit beiden Sätzen auftritt und mit der sie verknüpft sind. Doch erschien mir der Begriff einer Situation immer zu vage, als daß ich mich mit ihm hätte zufriedengeben zu können. In meinen früheren Schriften habe ich den Sprachforscher deshalb als jemanden dargestellt, dessen Anliegen es ist, Beobachtungssätze der Dschungelsprache mit Beobachtungssätzen seiner eigenen Sprache in Übereinstimmung zu bringen, die jeweils *dieselbe Reizbedeutung* haben. Das soll heißen, daß Zustimmung zu den beiden Sätzen aufgrund gleicher Nervenreizungen erfolgen muß; und für Verneinung gilt das Entsprechende.

§ 15 *Nochmals Reize*

Es könnte mithin so aussehen, als ob damit die Übereinstimmung der Reize beider Parteien, der Reize des Sprachforschers mit den Reizen seines Informanten, zwangsläufig zu einer Vorbedingung für die gesuchte Gleichsetzung von Beobachtungssätzen würde. Doch wie ich den Begriff ›Reiz‹ verwende (§ 1), ist ein Reizungsereignis ja stets die Aktivierung einer Teilmenge der Sinnesrezeptoren eines besonderen Individuums. Inwiefern aber kann dann überhaupt gesagt werden, der Sprachforscher und sein Informant, die schließlich keinerlei gemeinsame Sinnesrezeptoren haben, hätten Anteil an *derselben Reizung*? Vielleicht würden wir statt dessen lieber sagen wollen, daß die beiden Sprecher *ähnlichen* Reizen ausgesetzt sind, doch würde diese Aussage immerhin noch eine nahezu vollständige Homologie der Nervenenden von einer Person zur nächsten voraussetzen. Und anatomische Details dieser Art sollten hier doch sicherlich erst gar keine Rolle spielen.

Mit keinem anderen Unbehagen als diesem war ich bereits im Jahre 1965 an die Öffentlichkeit getreten,[15] doch erst 1981 veranlaßte es mich, meine Definition eines Beobachtungssatzes zu berichtigen. Meine ursprünglich soziale Definition hatte noch intersubjektive Übereinstimmung der Reizbedeutung in Anspruch genommen.[16] Aber ab 1981 definierte ich einen Beobachtungssatz nunmehr für einen *einzelnen* Sprecher, und zwar mit Hilfe des folgenden Kriteriums:[17]

[15] Zum Beispiel in einem Vortrag, dem ich den ironischen Titel »Propositionale Gegenstände« gab. Der Leser findet ihn am Schluß meines Buchs *Ontologische Relativität.*

[16] Siehe dazu *Wort und Gegenstand*, S. 86–87.

[17] Es findet sich in dem Aufsatz »Empirischer Gehalt«, hervorgegangen aus meiner nachträglichen Überarbeitung des im Juni 1981 auf dem Stuttgarter Hegel-Kongreß gehaltenen Vortrags über »Gegenstand und Beobachtung«; siehe S. 40 in meiner Sammlung *Theorien und Dinge*.

Sofern die Infragestellung des Satzes den betreffenden Sprecher bei einer Gelegenheit zur Zustimmung veranlaßt, wird sie ihn auch bei jeder anderen Gelegenheit zur Zustimmung veranlassen, bei der dieselbe Gesamtmenge von Rezeptoren in Erregung versetzt wird. Entsprechendes gilt für die Verneinung.

In der Folge erklärte ich einen Satz dann zu einem Beobachtungssatz für eine ganze Sprachgemeinschaft, wenn er ein Beobachtungssatz für jeden einzelnen Angehörigen dieser Gemeinschaft war. Auf solche Weise glaubte ich das Problem der intersubjektiven Übereinstimmung von Reizungen bei meinen Reflexionen zur wissenschaftlichen Methode umgehen zu können, um es bis zur Behandlung des Themas Übersetzung erst einmal zurückzustellen. Dort wurmte es mich dann allerdings nach wie vor.

In einem Privatissimum[18] mit Donald Davidson[19], Burton Dreben und Dagfinn Føllesdal[20] 1986 in Stanford kam es dann

[18] Das Privatissumum fand 1986 vom 14. bis 17. Juli an der Stanford University statt und war vom dortigen *Center for the Study of Language and Information* finanziert worden.

[19] [Anm. d. Übers. Donald Davidson reagiert auf die dortige Diskussion namentlich in »Bedeutung, Wahrheit und Belege« in seinem Bändchen *Der Mythos des Subjektiven. Philosophische Essays*, übersetzt und herausgegeben von J. Schulte, Stuttgart: Reclam 1993; vgl. hierzu etwa auch die populäreren Überlegungen Davidsons in seinem Aufsatz »Subjektiv, Intersubjektiv, Objektiv«, *Merkur* 45 (1991), S. 999–1007. Als denkbar lehrreichste Sekundärliteratur, was Besonderheiten der Position Davidsons anbelangt, steht einem Studenten nun vor allem die geradezu augische Aufklärungsarbeit über seine Philosophie zur Verfügung, die er angesichts seiner eigenen deutschen Interpreten in dem Band *Reflecting Davidson* zu leisten hatte: seine *Replies* in den Bielefelder Konferenzakten von 1991, hrsg. von R. Stoecker, Berlin: De Gruyter 1993. – Quines Vortrag von 1981 stand seinerzeit Davidsons Vortrag »Eine Kohärenztheorie der Wahrheit und der Erkenntnis« zur Seite, der Leser findet beide in den Stuttgarter Kongreßakten: *Kant oder Hegel?*, hrsg. von D. Henrich, Stuttgart: Klett-Cotta 1983, S. 423–438.]

[20] [Anm. d. Übers. Die Papiere des norwegischen Philosophen Dagfinn Føllesdal wurden bislang leider noch nicht in deutscher Überset-

zu einer ausgiebigen Diskussion dieser Schwierigkeit. Und zwei Jahre später fiel Lars Bergström (anläßlich einer Konferenz über meine Philosophie, die in St. Louis abgehalten wurde[21]) auf, daß noch nicht einmal meinem Vorhaben, das Problem aus unseren Überlegungen zur wissenschaftlichen Methode zu eliminieren, Erfolg beschieden war, weil ein Satz, auch *ohne* daß die betreffenden Sprecher disponiert wären, ihm in *denselben* Situationen zuzustimmen, gleichwohl für jeden einzelnen dieser Sprecher ein Beobachtungssatz sein kann. Es wundert mich, daß ich das übersehen hatte, denn bereits 1974 war ich ja in einer meiner Vorlesungen im Ergebnis zu der Feststellung gelangt, daß beispielsweise der Satz eines Fischers »Eben spüre ich, wie es knabbert« als Beobachtungssatz für jedes der Individuen zu gelten hat und gerade nicht für die Gruppe.[22]

Von Davidson kam in der Stanforder Diskussionsrunde der Vorschlag, für intersubjektive Reizgleichheit zu sorgen, indem wir den Reiz lieber nicht auf den privaten Außenflächen des Körpers, sondern etwas weiter draußen in der gemeinsamen Welt lokalisieren: Wir sollten ihn als die nächstliegende *gemeinsame Ursache* ihres einschlägigen Verhaltens bestimmen; und wo uns hierfür erst gar kein Kaninchen oder sonstiger Körper zur Ver-

zung gesammelt, zur Position, die Føllesdal vis à vis seinem Lehrer Quine einnimmt, kann man aber exemplarisch heranziehen: »Meaning and Experience«, in *Mind and Language*, hrsg. von S. Guttenplan, Oxford: University Press 1975, S. 25–44, und »Intentionality and Behaviorism« in *Logic, Methodology and Philosophy of Science VI*, Amsterdam: North Holland 1982, S. 553–569. Im übrigen liegt von Føllesdal (et al.) in deutscher Übersetzung immerhin ein umfangreicher und ungewöhnlich informativer Philosophiegrundkurs vor: *Rationale Argumentation*, dt. von M. Kaiser und G. Meggle, Berlin: de Gruyter Studienbuch 1988.]

21 Washington University, 9.–13. April 1988; publiziert in *Perspectives on Quine*, hrsg. von R. B. Barett und R. F. Gibson, Oxford: Blackwell 1990.

22 »The Nature of Natural Knowledge«, S. 72; in *Mind and Language*, hrsg. von Samuel Guttenplan, Oxford: Clarendon Press, 1975.

fügung stünde, sei der Reiz doch wohl am ehesten als eine gemeinsame Situation zu begreifen, sollten wir uns irgendwie eine Ontologie von *Situationen* verständlich machen können.

Indes, mich überzeugt das nicht, und ich halte unnachgiebig daran fest, unsere Reizungen am neuronalen Input festzumachen. Wie naturalistisch ich es auch immer fasse, ich interessiere mich für mein Teil nämlich nach wie vor für ein Problem der Erkenntnistheorie: Mich interessiert ja gerade die Frage des Transports der Wahrnehmungsindizien von den Reizungen unserer Nerven bis hin zu den Proklamationen der Wissenschaften. Mein Naturalismus würde es *mir* (wenngleich allerdings nicht dem interpretierten Individuum) durchaus erlauben, mich freizügig auf Nervenenden, Kaninchen oder beliebige sonstige physikalische Objekte zu beziehen, und ich könnte unsere Reize von daher mit Davidson ohne weiteres auch weiter draußen lokalisieren, ohne dem Subjekt hiermit bereits Vergegenständlichung anzudichten. Was mich jedoch davon abschreckt, ist, daß mir die mit Davidsons Vorschlag einhergehende Unterstellung einer den Individuen »gemeinsamen Situation« zu vage bleibt.

§ 16 *Suum Cuique*

Die Strategie hinsichtlich intersubjektiver Übereinstimmung von Reizbedeutungen, der ich inzwischen den Vorzug gebe, lautet schlicht und ergreifend: Wir können auch ohne sie auskommen. Der Beobachtungssatz »Kaninchen« hat seine *eigene* Reizbedeutung *für* den Sprachforscher, und »Gavagai« hat seine *eigene* Reizbedeutung *für* den Eingeborenen, während die zwischen den beiden Sätzen vorhandene Affinität vielmehr in den externen Umständen der Kommunikation zu suchen ist. Was der Sprachforscher bemerkt, ist, daß der Eingeborene jeweils »Gavagai« von sich gibt, wann immer *er* – in der Lage des Dschungelbewohners – hätte »Kaninchen« sagen können. Aus diesem Grunde stellt er, so er kann, das Experiment an, dem Eingeborenen unter eben *den* Bedingungen »Gavagai« zuzuspielen, die *bei ihm* die Äußerung »Kaninchen« ausgelöst hätten, und richtet sein Augenmerk darauf, ob die Dschungelbewohner ihm zustimmen oder nicht. Ermutigen sie ihn, entscheidet er sich bis auf weiteres für die hypothetische Übersetzung »Kaninchen«.

Empathie durchherrscht *jeden* Spracherwerb, den eines Kindes ebensogut wie den eines empirischen Sprachforschers. Beim Kind ist es die Empathie der Eltern. Sobald sie begutachten, ob ihr Kind einen passenden Beobachtungssatz äußert oder nicht, beobachten die Eltern immer schon seine Blickrichtung und schätzen ab, wie die Szenerie aus der Perspektive des Kindes wohl aussehen würde. Und für den Fall des radikalen Übersetzers gilt, daß auch dieser sich bereits mit seiner ersten Hypothese über »Gavagai« sympathisierend in die Lage des Dschungelbewohners einfühlt, wenn er sich bei seiner Mutmaßung nach der Blickrichtung des Eingeborenen und nach dessen Äußerung richtet, und daß er dies immer wieder tut, sobald er bei einem vermeintlich passenden Anlaß später von sich aus »Gavagai« äußert und auf den Konsens eines Eingeborenen hin prüft. Wir alle verfügen über eine geradezu unheimliche Fertigkeit, uns selbst noch in völliger Unkenntnis der physiologischen oder optischen Mechanismen seines Wahrnehmungsapparats in die Wahrnehmungssituation eines anderen einfühlen zu können. Dies eigentümliche *Können* läßt sich fast schon mit unserer erstaunlichen Gabe vergleichen, ein Gesicht, das wir nicht im mindesten zu beschreiben oder nachzuzeichnen imstande sind, gleichwohl wiederzuerkennen.

Seine Empathiefähigkeit leitet den Sprachforscher auch dann noch, wenn er vermittels seiner analytischen Hypothesen (§ 17) über Beobachtungssätze hinausgeht, wiewohl er dort den Versuch macht, sich nunmehr in die Assoziationen und grammatischen Gewohnheiten des Dschungelmenschen hineinzuprojizieren und nicht mehr in seine Wahrnehmungen. Etwas ganz Ähnliches muß für das heranwachsende Kind gelten.

Was nun den von Bergström angemerkten Mangel betrifft, so räumt ihn meine hiesige Definition eines Beobachtungssatzes (§ 2) in groben Zügen aus. Ausführlicher gesagt, halte ich zunächst weiterhin fest an meiner 1981er Definition eines Beobachtungssatzes für einen individuellen Sprecher und klassifiziere einen Satz dann als Beobachtungssatz für eine ganze Gruppe, wenn er zwei Bedingungen erfüllt: Er ist ein Beobachtungssatz für jeden einzelnen Angehörigen dieser besonderen Gruppe, *und* jedes Gruppenmitglied, das dem betreffenden Äußerungsanlaß ausgesetzt wäre, würde dem Satz im Einklang mit den übrigen Anwesenden konform zustimmen (resp. ihn verneinen). Wann wir jemanden im intendierten Sinne als Zeuge des betreffenden Anlasses gelten lassen, beurteilen wir, indem wir uns – wie bereits im Übersetzungsfall – in die Lage dieses Menschen hineinversetzen.

Ein Handbuch der Urübersetzung wird seinen Nutzen im konkreten Umgang mit der Dschungelgemeinschaft erweisen, und unser kommunikativer Erfolg wird sich an der Flüssigkeit bemessen, mit der Gespräche vonstatten gehen, an der Häufigkeit, mit der sich sprachliche und nichtsprachliche Reaktionen voraussagen lassen, und an der Kohärenz und Plausibilität unserer Auslegung von Eingeborenenmitteilungen. Bei solchen Übersetzungsmanualen geht es eher um ein Besser oder Schlechter denn um ein endgültiges Richtig oder Falsch. Nach wie vor machen Beobachtungssätze die Einlaßschleuse in die Sprache aus (und zwar für den Sprachforscher wie für das Kind), und nach wie vor werden sie die Sätze sein, welche die stabilste Übereinstimmung konkurrierender Übersetzungsmanuale erzwingen. Doch da wir nunmehr von der Forderung einer übereinstimmenden Reizbedeutung abrücken, verschwimmt damit auch die eigentümliche »Sachhaltigkeit«, die solche Sätze an sich haben sollten. Was Sachhaltigkeit[23] verbürgt, sind von nun an nur noch die

[23] [Anm. d. Übers.: Bei Quine begegnet uns hier typischerweise der Kunstausdruck *factuality*, und die Übersetzung dieses Quineschen Be-

beiden Faktoren der Flüssigkeit der Mitteilung und der Effizienz des praktischen Umgangs, zu dem uns das eine oder das andere Übersetzungsmanual verhilft.

In Wort und Gegenstand (S. 29 f.) hatte ich bereits zu Beginn darauf hingewiesen, daß Kommunikation gerade *nicht* auf eine gleichförmige Vernetzung der Nerven der einzelnen Sprecher angewiesen ist. Von daher verstand sich meine Parabel der zurechtgestutzten Büsche, deren äußere Gestalten einander gleichen, während sich im Innern die Anordnungen der Zweige und Äste aufs drastischste voneinander unterscheiden.

So wird auch uns von der Gesellschaft, die uns zwangsläufig einen konformen Gebrauch der Sprache eingibt und zu flüssiger Kommunikation nötigt, äußerliche Gleichförmigkeit aufgeprägt. Oder am Modell künstlicher Maschinen erläutert: Wir sind wie ungleichartige Computer, die ähnlich programmiert wurden. Hierbei wird ein obligatorisches äußeres Funktionieren schlechterdings *erzwungen*, wie auch immer es sich dann im Innenleben des Individuums realisieren mag – was wiederum heißt, daß an dieser Stelle bei mir also ein Moment der *Privatheit* zutage tritt, die Privatheit unserer eigentümlichen Nervenstrukturen. Burton

griffs bereitet seit jeher Schwierigkeiten. Der Übersetzer entschied sich aufgrund der erklärten intellektuellen Nähe des Autors zum frühen Carnap des *Logischen Aufbaus der Welt* für dessen deutschen Kunstausdruck »Sachhaltigheit« aus den *Scheinproblemen* von 1928, doch die prinzipiell verschiedene, physikalistische Basis Quines gilt es dabei allerdings mitzudenken. Die Bestätigung liefert Quines Essay »Facts of the Matter« (seine vielleicht deutlichste Darstellung der gegenwärtigen Zusammenhänge) in Shahan und Swoyer, S. 168, in Verbindung mit der eigenen Terminologie Carnaps; vgl. dazu Carnaps *Intellectual Autobiography*, in P. A. Schilpp (Hg.): *The Philosophy of Rudolf Carnap*, La Salle: Open Court 1963, etwa S. 25 (übersetzt von Willy Hochkeppel: *Mein Weg in die Philosophie*, Stuttgart: Reclam 1993). Zur genannten Affinität siehe namentlich Quines »Reply to Manley Thompson« in Hahn und Schilpp sowie »Comment on Stroud« und »Comment on Creath« in Barrett und Gibson.]

Dreben hielt es für vergleichbar mit der traditionellen Privatheit des Fremdpsychischen, und im Rahmen meiner neuen Position räume ich dem Subjekt sogar noch mehr Spielraum ein: Ich gestehe ihm sogar noch die Privatheit seiner Sinnesrezeptoren zu.

Im Gegensatz zu Davidson lokalisiere ich die Reizungen nach wie vor an den Außenflächen eines Individuums – und mit ihnen freilich auch die privaten Reizbedeutungen. Es wäre mir im Grunde völlig gleichgültig, wenn sie so idiosynkratisch ausfielen wie die internen Nervenstrukturen der Individuen selbst. Draußen an der Luft haben wir es jedenfalls mit unserer allgemein zugänglichen Sprache zu tun, die ein jeder von uns ungehindert auf seine je eigene Weise neuronal internalisieren mag. Diese Sprache ist der Ort, an dem die Intersubjektivität einsetzt. Kommunikation hat wahrlich genau den Namen, den sie verdient.

Beobachtungssätze sind *reizsynonym* für einen bestimmten Sprecher, wenn ihre Reizbedeutungen für ihn übereinstimmen. Aber obschon unsere Reizungen und mithin die entsprechenden Reizspektren etwas Privates sind, können wir der Reizsynonymie durchaus auch einen sozialen Sinn abgewinnen. Sätze sind reizsynonym für eine ganze Gemeinschaft, sobald sie für jeden einzelnen Angehörigen der betreffenden Population reizsynonym sind. Von Sprache zu Sprache funktioniert diese Definition gleichwohl so lange nicht, wie wir es nicht mit einer Gemeinschaft von Zweisprachlern zu tun haben.

§ 17 *Wiederaufnahme der Übersetzung*

Unser Sprachforscher wird zunächst damit fortfahren, probeweise weitere Beobachtungssätze auszumachen und zu übersetzen. Manche davon werden mitunter auf die eine oder andere auffällige Weise aus anderen Beobachtungssätzen zusammengesetzt sein, die ihm bereits als Hinweis auf unsere logischen Junktoren ›und‹, ›oder‹, ›aber‹, ›nicht‹ dienen kann. Indem er einerseits die

Situationen, welche die Zustimmung (bzw. Ablehnung) der Eingeborenen zu den zusammengesetzten Sätzen nach sich ziehen, und andererseits jener, welche deren Zustimmung zu den Gliedsätzen auslösen, kollationiert, verschafft sich der Sprachforscher einen immer plausibleren Aufschluß über solche Verknüpfungspartikel.

Im Gegensatz zu den Beobachtungssätzen läßt sich nun aber der überwiegende Teil unserer Äußerungen *nicht* mit Reizungen korrelieren, die mit ihnen zusammen auftreten. Der Sprachforscher mag dann zwar die Initiative ergreifen und von sich aus in den unterschiedlichsten Situationen einen Satz auf Konsens oder Dissens hin äußern – doch was tun, wenn sich Korrelationen von Sätzen mit Reizungen, die konstant mit ihnen einhergehen würden, einfach nicht ergeben wollen?

Er kann folgendes tun: Er kann sich ein Archiv dieser uninterpretierten Sätze anlegen und sie sezieren. Einige der Segmente, die er dabei findet, werden schon in den bereits interpretierten Beobachtungssätzen aufgetreten sein. Diese Segmente wird er dann als *Wörter* behandeln, denen er deutsche Ausdrücke zuzuordnen versucht, je nachdem, welche Terme die entsprechenden Beobachtungssätze nahelegen. Hier haben wir die *analytischen Hypothesen*, wie ich sie genannt habe, und an diesem Punkt wird eben schlicht geraten. Es wird sogar zu noch extravaganteren Mutmaßungen kommen. Der Sprachforscher wird sich jenen uninterpretierten Sätzen zuwenden, die keine Beobachtungssätze sind, in denen aber die gleichen Wörter vorkommen, und kraft des Auftretens dieser sporadischen Fragmente projektive Interpretationen einiger solcher Sätze riskieren. Auf diese Weise wird er schließlich ein ganzes hypothetisches Dschungelvokabular nebst seinen vermeintlichen Übersetzungen ins Deutsche und einem hypothetischen Apparat der grammatischen Konstruktionen zusammengetragen haben. Dann hebt das rekursive Verfahren an, das hypothetische Übersetzungen einer potentiellen Unendlichkeit von Sätzen festlegt. Fortwährend wird unser Sprachforscher sein System auf dessen Leistungsfähigkeit hin überprüfen, also daraufhin, ob es beim Umgang mit den Eingeborenen hilfreich ist, und unablässig wird er dabei raten, experimentieren und Änderungen am System vornehmen. Der experimentelle Mechanismus von Infragestellung und Zustimmung, der bereits bei der Auslegung der Beobachtungssätze routinemäßig zur Anwendung kam, erweist sich auch auf diesen höheren und noch stärker von Vermutungen bestimmten Ebenen als unentbehrlich.

Ohne Frage ist die Aufgabe des Urübersetzers eine einschüchternd schwierige und der Freiheitsspielraum, der ihm für seine Hypothesen verbleibt, nur allzu enorm. Und ohne Frage sind Sprachforscher normalerweise in der glücklicheren Lage, auf radikale Übersetzung ganz verzichten zu können, da sie jemanden zur Hand haben, der die betreffende Sprache mehr oder minder stockend und unsicher in eine etwas vertrautere Sprache übersetzen kann. Doch konfrontiert uns allererst *Urübersetzung* mit der wahren Dürftigkeit des Datenmaterials, von dem wir letzten Endes abhängen, sobald wir Bedeutungen miteinander gleichsetzen wollen.

Legen wir uns also die Frage vor, welchen Leitfäden unser Urübersetzer mit seinen Hypothesen folgen könnte. Da erweist sich nun zum einen Kontinuität als hilfreich: Von sukzessiven Äußerungen ist zu erwarten, daß sie etwas miteinander zu tun haben. Und zum anderen gilt: Wenn bereits mehrere sukzessive Äußerungen probeweise interpretiert worden sind, kann es sich herausstellen, daß sich aus der Beziehung, in der sie zueinander stehen, die Übersetzung irgendeines Verknüpfungsworts ergibt, das seinerseits wieder dabei helfen wird, anderswo ähnliche Verbindungen aufzuspüren.

Anfangs wie auch später wird der Übersetzer auf psychologische Hypothesenbildung angewiesen sein: Was dürften die Dschungelbewohner denn wohl am ehesten *für wahr halten*? Was werden sie aller Wahrscheinlichkeit nach *glauben*? Bereits die radikale Übersetzung der Beobachtungssätze ließ sich von dieser

Strategie leiten. Sie bleibt auch jenseits der Beobachtungsebene vonnöten und wird den Interpreten davon abhalten, eine Meinungsäußerung des Eingeborenen in einen *allzu* offensichtlich *falschen* Satz zu übersetzen. Er wird darum zwangsläufig Übersetzungen den Vorzug geben, die seine Überzeugungen erkennbar rational ausfallen lassen oder die ihm zumindest einen Glauben unterstellen, der sich mit der eigentümlichen Lebensform vereinbaren läßt, die unter den Dschungelmenschen zu beobachten ist. Andererseits wird er solche Werte aber keinesfalls um den Preis kultivieren, den Eingeborenen eine über Gebühr komplizierte Grammatik und Semantik zu unterstellen, denn so etwas wäre ja schon wieder nichts als schlechte Psychologie. Die Sprache muß schließlich von jeher so einfach gewesen sein, daß sie von den Eingeborenen erlernt werden konnte, deren Psyche – so ist bis zum Auftauchen gegenteiliger Indizien anzunehmen – der unseren recht weitgehend gleichen wird. Folglich ist es praktische Psychologie, worauf sich unser radikaler Übersetzer während seines gesamten Weges stützt, und die Methode dieser Psychologie ist und bleibt Empathie: Der Interpret versetzt sich in seiner Phantasie, so gut er kann, in die Lage des Eingeborenen hinein.

Unser radikaler Übersetzer wird sein im Entstehen begriffenes Übersetzungshandbuch ständig gebrauchen, um es nach Maßgabe erfolgreicher oder fehlgeschlagener Kommunikationsversuche weiter zu verbessern. Der Erfolg solcher Revisionen, um es zu wiederholen, besteht im gelingenden Umgang und der flüssigen Kommunikation mit der Eingeborenenpopulation. Reagiert sie mit Erstaunen oder Verwirrung oder erhält er offenbar irrelevante Antworten, so ist dies im allgemeinen ein Zeichen dafür, daß sich der Übersetzer mit der bisherigen Fassung seines Handbuchs auf dem Holzweg befindet.

Wir können uns leicht ausmalen, wie die Bemühungen des Übersetzers das eine Mal glücken und ein andermal frustriert werden. Vielleicht hat er versuchsweise einmal zwei Eingeborenensätze in deutsche Sätze übersetzt, die einander irgendwie semantisch verwandt sind, und entdeckt nun dieselbe Verwandtschaft im Gebrauch, den ein Dschungelsprecher von *seinen* beiden Sätzen macht. Eine solche Beobachtung wird er als einstweilige Bestätigung seines provisorischen Übersetzungspaars werten. Und womöglich wird er dann weiterhin blauäugig annehmen, er kommuniziere – nur um bald darauf wieder einmal festzusitzen. Dergleichen mag ihn dazu bekehren, daß seine beiden Übersetzungen letztlich also doch falsch waren, und er wird sich fragen, wie weit der Fehler zurückliegt: Wann und wo soll er eigentlich angesichts der mittlerweile erreichten Geschmeidigkeit und Flüssigkeit der Kommunikation vom rechten Weg abgekommen sein?

§ 18 *Unbestimmtheit der Übersetzung*

Überlegungen, wie wir sie bisher angestellt haben, sind schlechterdings alles, wonach sich der radikale Übersetzer richten kann, und daran ist noch nicht einmal der Umstand schuld, daß Satzbedeutungen etwas Ungreifbares oder Unerforschliches sind. Der Grund ist hier vielmehr, daß an ihnen buchstäblich nicht mehr dran sein kann als all das, was sich auf dem Wege eines solchen umhertastenden Aufspürens von Zusammenhängen zutage fördern läßt. Es besteht noch nicht einmal Hoffnung, so etwas wie eine Kodifizierung der einschlägigen Prozeduren erreichen zu können, um dann vielleicht durch Angabe ebendieser Manöver zu *definieren*, was als Übersetzung zu gelten habe. Dafür sind in diesen Prozeduren allzu inkommensurable Werte gegeneinander abzuwägen. Wie grotesk darf der Interpret beispielsweise die Überzeugungen der Dschungelbewohner ausfallen lassen, um durch diesen Schachzug wieviel an Absonderlichkeit auf seiten ihrer Grammatik oder Semantik zu vermeiden?

Angesichts solcher Reflexionen bleibt schwerlich noch zu erwarten, daß zwei Urübersetzer, die sich unabhängig voneinander in *Dschungel* einarbeiten, jemals zu austauschbaren Übersetzungsmanualen gelangen würden. Zwar wären ihre Handbücher vielleicht insoweit ununterscheidbar, als sie jeweils dasselbe Eingeborenenverhalten erwarten ließen, doch wäre es jederzeit möglich, daß das eine Handbuch einige Übersetzungslösungen, die vom anderen Übersetzer gerade verworfen werden, als gültige Übersetzungen vorschreibt. Diese Überlegung macht die These von der Unbestimmtheit der Übersetzung aus.

Jedes Übersetzungshandbuch *Dschungel-Deutsch, Deutsch-Dschungel* stellt im Grunde jeweils eine »rekursive« – oder »induktive« – Definition einer *Übersetzungsrelation* dar und erhebt dafür den Anspruch, in verträglicher Weise Sätze mit dem Verhalten aller Beteiligten zu korrelieren. Nach der These von der Unbestimmtheit der Übersetzung ist es möglich, daß diese beiden Ansprüche von zwei Handbüchern gleichermaßen erfüllt *und doch* die betreffenden Übersetzungsrelationen nicht von einem Satz zum nächsten alternierend gebraucht werden könnten, ohne unstimmige Sequenzen zu ergeben. Oder anders gesagt: Es könnte sich immer herausstellen, daß die Sätze des Deutschen, die von den konkurrierenden Handbüchern als die Übersetzung eines Dschungelsatzes vorgeschrieben werden, in deutschen Kontexten nicht füreinander austauschbar sind.

Es sei zwar zugestanden, daß die Nutzung des einen oder des anderen Übersetzungsmanuals *im Nachhinein* durchaus sprachliche Differenzen provozieren kann, wie Robert Kirk in Verbindung mit Ausdrucksformen propositionaler Einstellungen aufgefallen ist. Doch dem *Status quo* – und allein darauf kommt es inzwischen an – würden die beiden Manuale jedenfalls gleichermaßen gerecht.

Ich habe meine Unbestimmtheitsthese nur der Plausibilität zuliebe am faßlicheren Beispiel einer radikal unerschlossenen Sprache demonstriert. Im Prinzip jedoch ist diese These selbst für jemandes eigene Muttersprache gültig. Schließlich können wir sogar unser eigenes Deutsch jederzeit in pervertierter Weise ins Deutsche übersetzen, sobald wir über zwei konkurrierende

Übersetzungsmanuale für *Dschungel – Deutsch* verfügen, indem wir es zunächst nach dem einen Handbuch in die Dschungelsprache übersetzen und dann nach dem anderen Handbuch wieder zurück ins Deutsche.

Es ist nicht eben wahrscheinlich, und zwar noch nicht einmal bei der Urübersetzung, daß sich die Übersetzungsunbestimmtheit in der Praxis überhaupt bemerkbar macht, und das hat seinen guten Grund: Der Sprachforscher geht bis zum Beweis des Gegenteils davon aus, daß die Einstellungen und Denkweisen des Eingeborenen seinen *eigenen* ähnlich sind. Nach diesem Prinzip wird er dem Eingeborenen stets seine *eigene* Ontologie und die für ihn, den Interpreten, typischen Sprachmuster unterstellen, wo auch immer sich dies mit den Äußerungen und dem sonstigen Verhalten des Dschungelbewohners vereinbaren läßt – es sei denn, ein Abrücken von diesem Prinzip verspräche die eine oder andere spektakuläre Vereinfachung. Man könnte sich auch gar nichts anderes wünschen. Was die Unbestimmtheitsthese auf dem Wege einer Dramatisierung mit Händen greifbar machen soll, ist die Tatsache, daß ein radikaler Übersetzer gezwungenermaßen immer so viel in die Fakten hineinlegt, wie er ihnen entnimmt.

§ 19 *Syntax*

Einige meiner Leser sind davon ausgegangen, daß ich meine Unbestimmtheitsthese auch auf die Syntax übertragen wissen wollte. Das hat mich immer verstört, bis mir kürzlich auffiel, daß es für dieses Mißverständnis einen subtilen Anlaß gab. In *Wort und Gegenstand* (S. 107 und S. 129–136) hatte ich gesagt, daß auch der spezifische Apparat der Reifizierung und des Objektbezugs, dessen wir uns bedienen, der Übersetzungsunbestimmtheit unterliegt. Zu diesem Apparat gehören die Pronomina, das ›=‹, die Pluralendungen und was immer die logischen Aufgaben der Quantoren und der Variablen erfüllt. Doch gehören diese Mechanismen, so räsonierten manche Leser, offenbar zur Domäne der Syntax. Ergo, dachte man, gilt die Unbestimmtheitsthese auch für die Syntax einer Sprache.

Geschäft der Syntax ist es, die einer bestimmten Sprache eigenen Phonemsequenzen anzugeben. Nun trifft zwar zu, daß wahrscheinlich stets mehr als nur eine Batterie von Vokabeln und grammatischen Konstruktionen in der Lage sein wird, denselben Gesamtoutput an Sequenzen zu generieren. Dennoch läuft ein solcher Freiheitsspielraum noch nicht auf eine Unbestimmtheit hinaus, die der Unbestimmtheit der Übersetzung analog wäre. Die Übersetzungsunbestimmtheit besteht vielmehr in einem Konflikt, zu dem es unter den Outputs selbst kommt.[24]

Was diese Leser irregeführt hatte, war die Übersetzungsunbestimmtheit der Pronomina und übrigen Mechanismen des Objektbezugs. Doch zu dieser Unbestimmtheit kam es nur in Ansehung der Frage, ob irgendwelche Dschungelausdrücke nun eigentlich mit diesen Mechanismen gleichzusetzen wären oder eher mit etwas anderem. Der Übersetzer wird diese Ausdrücke sowieso unterbringen müssen, egal wie er sie übersetzt. Er mag sie dann als Pronomina, Pluralendungen, Quantoren und so weiter bezeichnen oder auch nicht, je nachdem, ob er in der Begrifflichkeit des einen oder des anderen Übersetzungsmanuals denkt. Der Unterschied wird dann ein bloß verbaler sein, allenfalls: eine Frage der Entscheidung für eine syntaktische Struktur anstelle einer anderen, die beide gleichermaßen ein und denselben Gesamtoutput an Phonemsequenzen der Dschungelsprache generieren.

[24] Sobald er die Grenzen der jeweiligen Sprache zieht, mag der Syntaktiker tatsächlich eine gewisse, wenn auch nur marginale Freiheit walten lassen. Siehe § 3 von »Das Problem der Bedeutung in der Linguistik«, S. 56 ff. in meinen Essays *Von einem logischen Standpunkt*, dt. von Peter Bosch, Berlin: Ullstein 1979.

§ 20 *Unbestimmtheit des Bezugs*

Bereits bei der Behandlung früherer Fragen (§§ 3, 9, 13) erwies es sich als entscheidend, zwischen der holophrastischen Auffassung eines Satzes (als ein nahtloses Ganzes) und seiner analytischen Auffassung (Term für Term) zu unterscheiden. Für die Frage der Übersetzung ist diese Dichotomie jedoch nicht minder wichtig. Aus *analytischer* Sicht ist die Unbestimmtheit der Übersetzung trivial und unleugbar: Eine empirische Illustration bot *Ontologische Relativität* (S. 53–55) am Beispiel der japanischen »Klassifikatoren«, und eine abstraktere Illustration erfuhr sie oben durch unsere Stellvertreterfunktionen (§ 13). Analytisch gesehen, haben wir es nur mit der kaum überraschenden Feststellung zu tun, daß divergierende Auslegungen der Wörter in einem Satz einander so kompensieren können, daß nichtsdestoweniger eine und dieselbe Übersetzung des Satz*ganzen* gestützt wird. Hierin besteht, was ich *ehedem* »Unerforschlichkeit des Bezugs« von Termen genannt habe; ich hätte wohl besser von der *Unbestimmtheit* des Bezugs sprechen sollen. Jedenfalls ist diese Unbestimmtheitsthese *nicht* einerlei mit einer anderen, wirklich gravierenden und kontroversen Lehre über die Übersetzungsunbestimmtheit, die vielmehr in einer stärkeren, weil holophrastischen These besteht: Sie stellt fest, daß divergierende Interpretationen möglich sind, die sogar auf der Ebene des ganzen Satzes unausgeräumt bleiben und einzig und allein auf dem Wege divergierender Übersetzungen anderer ganzer Sätze zu kompensieren sind.

Im Gegensatz zur Unbestimmtheit des Bezugs, die sich durch Beispiele kompensierender Anpassungsmanöver innerhalb der Grenzen eines einzelnen Satzes ohne weiteres illustrieren läßt, nimmt die uneingeschränkte oder holophrastische Unbestimmtheit der Übersetzung in viel zu globaler Weise stets eine ganze Sprache in Anspruch, als daß sie noch ohne weiteres an empirisch vorliegenden Beispielen illustrierbar sein könnte. Radikale Übersetzung ist an sich schon eine seltene Leistung, und wir werden schwerlich erleben, daß sie für dieselbe Sprache gleich zweimal mit Erfolg unternommen wird. Bei Edwin Levy kann man jedoch ein plausibles künstliches Beispiel nachlesen, das sich Meßvorgänge in voneinander abweichenden Geometrien vorstellt. Und außerdem gibt es da noch Gerald Masseys weitreichendes Beispiel, das auf der Dualität der Affirmation mit der Negation, der Konjunktion mit der Alternation und der Allquantifikation mit der Existenzquantifikation beruht. Seine konkurrierenden Übersetzungen, die homophone Übersetzung und ihr Dual, stehen bei jedem beliebigen Satz miteinander in Konflikt. Eine Schwäche seiner Konstruktion ist aber die, daß das Dualhandbuch davon abhängig ist, daß wir die spontanen Sätze der Muttersprachler nicht als bejaht auffassen, sondern als verneint – daß seinem Beispiel also eine überflüssige Verkehrung der herkömmlichen Einstellung des Übersetzers in ihr Gegenteil zugrunde liegt. Gleichwohl wird man die holophrastische Unbestimmtheitsthese angesichts der Konstruktion Levys, wenn nicht sogar der Masseys, schwerlich noch in Zweifel ziehen können.

Auf den Kanarischen Inseln erscheint inzwischen zweimal jährlich die umfängliche und imposante sprachphilosophische Zeitschrift *Gavagai*. Sodann hat David Premack jüngst über seine Sprachexperimente mit Schimpansen ein Buch mit dem Titel *Gavagai* veröffentlicht. Und Hubert Dreyfus schließlich hat sich gar für seinen Rabbit-Volkswagen die in Kalifornien beliebten Protznummernschilder auf ›GAVAGAI‹ ausstellen lassen. Ich nehme zur Kenntnis, daß das Logo meiner Unbestimmtheitsthese der Übersetzung inzwischen also bereits seinen Weg in die weite Welt gefunden hat. Doch ironischerweise hatte ich diesen Ausdruck wohlgemerkt nicht geprägt, um damit die Übersetzungsunbestimmtheit im starken Sinne zu illustrieren. Sie sollte damit gerade *nicht* illustriert werden, denn »Gavagai« ist ja ein Beobachtungssatz, dessen Übersetzung mit »(Schau, ein) Kaninchen« aus holophrastischer Sicht bestens *gesichert* ist. Was dieser Übersetzung allerdings nicht gelingen kann, ist die Festlegung des Bezugs desselben Ausdrucks *qua Term* »gavagai« – und *diese* These war der eigentliche Witz des prominenten Beispiels. Es handelte sich somit um jenen extremen Sonderfall der Unbestimmtheit des Bezugs eines Terms, bei dem der im Satz enthaltene Term diesmal mit dem Satzganzen identisch war. Hier gibt es erst gar keinen Spielraum für kompensierende Anpassungsmanöver, und hier bedarf es ihrer auch nicht.

Manche meiner Leser haben zuvorkommenderweise für meine beiden Begriffsbildungen »Unerforschlichkeit des Bezugs« und »Ontologische Relativität« nach einer formalen Unterscheidung gesucht, die mir als solche jedoch niemals vorgeschwebt hatte. Aber ich kann heute vielleicht etwas deutlicher als in meinen Vorlesungen, dem Essay oder dem Buch des gleichnamigen Titels angeben, *worauf* die ontologische Relativität meiner Position zufolge eigentlich relativ bezogen ist: Sie ist relativ auf ein besonderes Manual der *Übersetzung*. Vom Term »gavagai« zu sagen, daß er Kaninchen bezeichnet, heißt nichts anderes, als sich anstelle irgendeines der anderen möglichen Handbücher für ein Handbuch zu entscheiden, in dem der Term »gavagai« mit »Kaninchen« übersetzt wird.

Und erstreckt sich nun diese Unbestimmtheit alias Relativität irgendwie auch auf die *je eigene* Sprache? In *Ontologische Relativität* habe ich diese Frage deshalb bejaht, weil schließlich auch unsere eigene Sprache mit Hilfe von Permutationen, deren Gehalt von der bloßen Identitätstransformation verschieden ist, *in sich übersetzt* werden kann, wie meine Stellvertreterfunktionen deutlich machen. Doch sobald wir uns für die Identitätstransformation als unser Übersetzungsmanual entschieden haben und unsere eigene Sprache mithin buchstabengetreu in sich selbst überführen, haben wir die Relativität natürlich immer schon aufgelöst. *Bezug* wird dann anhand sogenannter »zitattilgender« Paradigmen erklärt, die Tarskis Wahrheitsparadigma analog sind (§ 33): »Kaninchen« bezieht sich nun eben auf Kaninchen (was immer *sie* dann sein mögen) und »Boston« auf Boston.

§ 21 *Verschwinden Bedeutungen?*

Könnten wir uns eine akzeptable Relation der Bedeutungsgleichheit zurechtlegen, wäre es nur noch ein kleiner Schritt zu einer annehmbaren Definition von Bedeutungen. Wie mehr als nur ein Philosoph angemerkt hat, könnten wir dann nämlich die Bedeutung eines Ausdrucks als eine Klasse definieren: als die Klasse aller mit diesem Ausdruck bedeutungsgleichen Ausdrücke. Oder umgekehrt: Wären uns von Anbeginn an immer schon die Bedeutungen gegeben, würden uns diese Bedeutungen eben in Verbindung mit der Identität Bedeutungsgleichheit liefern, da schließlich gilt, daß es ohne Identität keine Entität gibt.[25] Kurzum: Bedeutungen und Bedeutungsgleichheit geben ein und dasselbe Problem zu lösen auf.

In der Tat erfreuen sich Übersetzungen bis hin zu den kategorischen Beobachtungssätzen und sogar den logischen Junktoren einer gewissen Bestimmtheit. Man könnte darum die Gleichsetzung empirischen Gehalts von einer Sprache zur anderen auch meuchlings in Angriff nehmen wollen (wie in § 7), selbst bei der radikalen Übersetzung. Doch empirischer Gehalt kommt allein prüfbaren Sätzen und Satzmengen zu. Wir hätten dann noch immer keinen allgemeinen Bedeutungsbegriff für Sätze mit weniger als der kritischen semantischen Masse.

25 Die Selbstverständlichkeit dieser Platitüde ist kürzlich infolge einer Konfusion über das Extensionalitätsaxiom getrübt worden – das Axiom, das die Individuation von Mengen oder Klassen regelt. Einige Mengentheoretiker hatten dieses Axiom nämlich aus dem Verlangen nach einer tieferen Grundlegung heraus zunächst einmal suspendiert. Könnten wir also nicht ebensogut Bedeutungen ohne Identität anerkennen? Nein, denn selbst die erwähnte, vorläufige Abstinenz vom Extensionalitätsaxiom nimmt Mengen keineswegs von der Identität aus, sondern *vertagt* einstweilen nur die Frage nach hinreichenden Identitätsbedingungen für Mengen. Schließlich hält man ja auch weiterhin an der Schreibweise ›x = y‹ mit Mengen als Werten der Variablen fest. Es gibt nach wie vor kein Ding – sei's eine Menge, sei's sonst etwas – ohne Identität.

Nicht daß es sich hierbei um eine Konsequenz handelt, die jemand etwa mit Hurra zieht oder die ihn ein für allemal befriedigt. Man neigt zu der Vermutung, daß sich womöglich auch für Sätze, welche die kritische semantische Masse unterbieten, eine Bedeutungsdefinition geben läßt, und zwar im Rückgriff auf die Idee der Substitutivität. Wenn wir zwei Ausdrücke füreinander austauschen können, ohne dabei den empirischen Gehalt eines prüfbaren Kontexts zu beeinträchtigen, sind die beiden Ausdrücke dann nicht bedeutungsgleich? Hiergegen ist daran zu erinnern, daß diese Strategie sofort zusammenbricht, wenn wir von Sprache zu Sprache denken. Die Substitution von Ausdrücken würde einen Kontext in Nonsens verwandeln, sobald diese Ausdrücke verschiedenen Sprachen angehören. Mithin kann die genannte Strategie auch keinerlei Aussicht bieten, der Unbestimmtheit der Übersetzung zu entkommen.

§ 22 *Eigensprachliche Bedeutung*

Selbst wenn wir uns darein schicken, daß wir unsere Aussichten demnach herabzustimmen und von »Propositionen« als sprachtranszendenten Satzbedeutungen abzurücken haben, könnten wir von der Substitutivitätsstrategie gleichwohl noch etwas für einen strikt auf die *eigene* Sprache beschränkten – also von Sprache zu Sprache gar nicht anwendbaren – Begriff der Bedeutungsgleichheit erwarten. Zwei Sätze sind *kognitiv äquivalent*, könnten wir dann sagen wollen, wenn die Ersetzung des einen durch den anderen den empirischen Gehalt einer beliebigen Satzmenge, in der sie vorkommen, nicht beeinträchtigt. Im Prinzip klingt diese Definition zwar richtig, doch leider läßt sie sich aufgrund des eher visionären Stellenwerts unserer Idee des empirischen Gehalts (§ 7) nicht in wirklich zwingender Weise anwenden.

Eine andere Strategie konzentriert ihr Augenmerk statt dessen auf das Moment des *Glaubens* und setzt mithin aufs Fürwahrhalten: auf das Moment der Zustimmung oder Ablehnung des Sprechers anläßlich in Frage gestellter Sätze. Hier gilt, daß dieser Weg zwar für *bleibende* Sätze nicht gangbar wäre, denn er würde sämtliche Meinungen des Sprechers miteinander gleichsetzen, daß er für *Gelegenheits*sätze jedoch durchaus funktioniert, bei denen wir jedes beliebige Satzpaar über die unterschiedlichsten Äußerungsanlässe hinweg empirisch auf Konkomitanz hin prüfen können. Ein Paar von Gelegenheitssätzen kann für einen Sprecher als kognitiv äquivalent gelten, wenn dieser Sprecher bei jedem Anlaß disponiert ist, entweder beiden Sätzen zuzustimmen oder beide zu verneinen oder sich bei beiden Sätzen der einen wie der anderen Reaktion zu enthalten. In einem davon abgeleiteten Sinne können die Sätze dann als kognitiv äquivalent für eine ganze Sprecherpopulation gelten, wenn sie für jeden Angehörigen dieser Gemeinschaft kognitiv äquivalent sind. Würde es sich bei diesen Gelegenheitssätzen um Beobachtungssätze handeln, wären wir also wieder bei der Reizsynonymie angekommen (§ 16).

Ein so definierter Begriff der kognitiven Äquivalenz läßt sich nun unmittelbar auch auf Terme oder Prädikate übertragen. Terme sind dann kognitiv äquivalent - oder, wie wir uns jetzt auch ausdrücken dürfen, kognitiv *synonym* -, wenn ihre jeweiligen Prädikationen - also Sätze wie »Es ist ein F«, »Es ist ein G« - kognitiv äquivalent sind. Angesichts unserer Definition der kognitiven Äquivalenz von Gelegenheitssätzen heißt dies letztlich nichts anderes, als daß Terme für einen Sprecher dann kognitiv synonym sind, wenn er *glaubt*, daß sie *koextensiv* sind (i.e. auf dieselben Dinge zutreffen); und daß sie für die Gemeinschaft genau dann synonym sind, wenn sie für jeden einzelnen Angehörigen der Gemeinschaft synonym sind.

Was die Frage der kognitiven Äquivalenz bleibender Sätze anlangt, können wir nunmehr ein kleines Stück weiterkommen. Fraglos sollten zwei bleibende Sätze dann als kognitiv äquivalent gelten, wenn sich der eine aus dem anderen dadurch gewinnen läßt, daß wir für einen der Terme in diesen Sätzen ein kognitives

Synonym einsetzen. Indes wird doch nicht die Gesamtheit aller Paare bleibender Sätze, die wir gern als kognitiv äquivalent klassifizieren würden, von dieser Definition erfaßt.

Eine dritte Strategie setzt auf *Analytizität.* Hätten wir erst einmal Analytizität, würde sich kognitive Äquivalenz umstandslos ergeben, denn: Zwei Sätze sind genau dann kognitiv äquivalent, wenn ihr wahrheitsfunktionales Bikonditional analytisch ist. Nun gilt ein Satz in der Terminologie der mentalistischen Semantik als analytisch, wenn er *kraft der Bedeutung* der darin enthaltenen Wörter *wahr* ist; und in meiner Abhandlung *Die Wurzeln der Referenz* (§§ 19–21) habe ich den Vorschlag gemacht, dieses Analytizitätskriterium zu externalisieren: Ein Satz ist analytisch, wenn ein Muttersprachler im Zuge des Lernprozesses – *kraft des Erlernens* – eines Wortes davon (oder mehrerer Wörter) immer schon ebendiesem Satz *zuzustimmen* lernt.[26] Damit wären paradigmatische Fälle von Analytizität wie »Kein Junggeselle ist verheiratet« nicht minder abgedeckt, wie außerdem die Analytizität vieler elementarer Wahrheiten der Logik. Des weiteren läßt sich dieser Analytizitätsbegriff dann so justieren, daß er auch die aus analytischen Wahrheiten mittels analytischer Schritte ableitbaren Wahrheiten erfaßt.

Ich glaube, daß diese Definition ein Stück weit der intuitiven Vorstellung von einer Tautologie gerecht wird, dem Gedanken, den wir ins Spiel bringen, sobald wir dagegen protestieren, daß jemandes Behauptung auf ›0 = 0‹ hinausläuft und eine leere Wor-

[26] [Anm. d. Übers.: Mithin: den betreffenden Satz für wahr zu halten lernt. In der ersten Fassung von *Pursuit of Truth* folgt an dieser Stelle die knappe Erläuterung: »Fraglos erlernt er das Wort ›Junggeselle‹ ganz entscheidend dadurch, daß es ihm mit Hilfe der Konstruktion ›unverheirateter Mann‹ erklärt wird … Damit gelten auch die elementaren Wahrheiten der Logik als analytisch.« Vgl. zur psychogenetischen Externalisierung des Analytizitätsbegriffs etwa Quines »Reply to Herbert G. Bohnert« und seine »Reply to Charles Parsons«, S. 402 ff., beide in Hahn und Schilpp (1986).]

thülse ist. Auf welche Weise allerdings dort, wo sich niemand mehr daran erinnert oder auch nur dafür interessiert, wie er das betreffende Wort gelernt haben mag, noch die schulmäßige Unterscheidung zwischen analytischen und synthetischen Urteilen zu treffen wäre, die unsere Philosophen ehedem so in Wallung gebracht hatte, dafür gibt uns diese Definition keinerlei Anhaltspunkt. Und sicherlich gibt sie uns keinen Hinweis auf einen tragfähigen allgemeinen Begriff der kognitiven Äquivalenz.

Warum war das überhaupt wichtig? Deshalb: Wo die traditionelle Metaphysik noch das Wesen der Dinge ergründen wollte, begnügten sich analytische Philosophen vom Schlage eines G.E. Moore und seiner Nachfahren mit den Bedeutungen von Wörtern; *und doch* sah es seinerzeit so aus, als könne das philosophische Geschäft noch so etwas wie rein interne Bedeutungen herauskitzeln, statt lediglich einen Durchschnitt schwankender Wortverwendungen zu ermitteln. Analytizität erschien mithin als Widerhall der Wortbedeutungen selbst, ganz so, wie vormals metaphysische Notwendigkeit als Widerhall des Wesens der Dinge begriffen worden war. Und in späteren Jahren wurde Analytizität dann erneut von Rudolf Carnap in der Philosophie der Mathematik in Anspruch genommen. Sie sollte bei ihm erklären, wie Sätze der Mathematik überhaupt Bedeutung haben konnten, wiewohl ihnen keinerlei empirischer Gehalt zukam, und andererseits, warum sie notwendig wahr waren. Der Holismus erlaubt uns jedoch immer schon ein Urteil über beide Fragen, ohne daß wir uns auf Analytizität zu berufen brauchten: Im Unterschied zu Carnaps Sicht der Dinge gewährt er der Mathematik mittelbar *Anteil* am empirischen Gehalt prüfbarer Satzmengen, wo sie angewandt wird, und er *erklärt* die Notwendigkeit mathematischer Wahrheiten durch die Wahlfreiheit unter der Maxime minimaler Mutilationen (§ 6).

§ 23 *Lexikographie*

Den vormaligen Begriff der Bedeutung von Wörtern und Sätzen für fragwürdig zu halten heißt nicht etwa, die Semantik zu verwerfen. Viel brauchbare Arbeit ist mittlerweile über die Verwendungsweise, Gebrauchsumstände und Fortentwicklung unserer Sprache geleistet worden, und an der Lexikographie sind diese Errungenschaften auch deutlich zutage getreten. Unbeschadet dessen würde ich aber keinesfalls so etwas wie den alten Begriff gesonderter und unabhängiger Bedeutungen wissenschaftlich rehabilitieren wollen. Diese abwegige Vorstellung sollte man nach wie vor als ausgesprochen hinderlich ansehen, als einen Stolperdraht, der schon einmal aus dem Weg geräumt worden ist. Tatsächlich hat der vormalige Begriff in den letzten Jahren weitaus eher das Fach der Philosophie behindert als das Fach der wissenschaftlichen Linguistik. Sprachforscher befanden ihn aus verständlichen Gründen für theoretisch schlicht unergiebig.

Wörterbüchern eilt der Ruf voraus, sich mit der Erklärung von Wortbedeutungen zu befassen, und dabei handelt es sich weder um ein sagenumwobenes noch um ein irgendwie launenhaftes Geschäft. Wie geht es vonstatten? Ich stehe für die Auffassung, daß es sich weder kognitive Äquivalenz von Sätzen zum Ziel setzt noch Synonymie von Termen und daß es einen Bedeutungsbegriff noch nicht einmal voraussetzt. Führen wir uns also noch vor Augen, was Wörterbücher in Wahrheit zu leisten haben.

Ein Wörterbuch erklärt ein Wort manchmal dadurch, daß es einen alternativen Ausdruck angibt, der zumindest in Kontexten, die nicht von Zitaten und Ausdrucksformen propositionaler Einstellungen kontaminiert sind, *salva veritate* an die Stelle des ersten Ausdrucks treten kann. Und ein andermal erklärt es ihn, indem es statt dessen Informationen über den Gegenstand oder die Gegenstände vermittelt, auf den oder die sich der Ausdruck bezieht. Nirgends wird hierbei beansprucht, daß sich so etwas wie eine Unterscheidung essentieller und akzidenteller Eigenschaften treffen ließe. Man ist vielmehr auf etwas rein Pädagogisches aus: So gut er auf engem Raum kann, will der Lexikograph die Chancen seines Lesers verbessern, erfolgreich zu kommunizieren. Außerdem wird ein Wörterbucheintrag häufig weder eine Paraphrase des Stichworts enthalten noch eine Beschreibung des bezeichneten Gegenstands, sondern eine Beschreibung des Wortgebrauchs in ganzen Sätzen. So geht man gewöhnlich bei grammatischen Partikeln vor und nicht selten auch bei Termen. Und bei einem Ausdruck, der sich weder auf konkrete Gegenstände bezieht noch eine gesonderte, eigenständige Paraphrase besitzt, kann man auch gar nicht anders vorgehen.

Hinter all dieser vermeintlichen Unordnung steht ein einheitsstiftendes Prinzip. Es ist stets der Satz, der sich als das eigentliche Ziel zu erkennen gibt. Dem Lexikographen geht es darum, seinen Leser von den Sätzen profitieren zu lassen, die er liest oder hört, ihm dazu zu verhelfen, auf diese Sätze erwartungsgemäß reagieren zu können, ihm die Äußerung brauchbarer Sätze zu ermöglichen. Da es jedoch unbeschränkt viele und unbegrenzt verschiedene Sätze geben wird, organisiert der Lexikograph seine Unterweisungen in der Satzbildung eben Wort für Wort: Er führt uns vor, wie wir uns aus jedem dieser Wörter Sätze bauen könnten. Und eine bequeme Möglichkeit (wo sie verfügbar ist), uns dies beizubringen, ist die Angabe eines Ersatzausdrucks, denn damit beutet der Lexikograph zugleich unsere vorgängigen Sprachkompetenzen aus; er unterstellt, daß wir bereits wissen, wie wir das jeweilige Substitut beim Satzbau zu verwenden haben. Auf je eigene Weise zwecken auch all die anderen lexikalischen Erklärungsmöglichkeiten auf dasselbe ab: Sie wollen uns den Gebrauch von Sätzen lehren.

Wenn wir von der Semantik, wie sie von Philosophen betrieben wurde, zur Lexikographie übergehen, verschiebt sich unsere Aufmerksamkeit: Wir konzentrieren uns nicht mehr auf Bedeutungs*gleichheit*, sondern sozusagen auf Bedeutungs*kenntnis*: nicht mehr auf Synonymie, sondern auf das Verstehen von Ausdrükken. Das Geschäft des Lexikographen ist es, uns das Verstehen von Ausdrücken einzuschärfen, das heißt, uns ihren Gebrauch aufzuprägen, uns ihre Verwendungsweise zu lehren. Er kann mit seinen Anleitungen zur Satzkonstruktion einen durchschlagenden Erfolg haben, ohne sich auch nur im mindesten die Frage vorzulegen, in welchem Sinne alle diese Sätze als äquivalent gelten können, ja nichts, so will es scheinen, könnte den Absichten des Lexikographen ferner liegen als Bedeutungen. Warum also sollten sie dem philosophischen Geschäft eigentlich weniger fernliegen?

Wir mögen unser Augenmerk mithin lieber auf das *Verstehen* von Ausdrücken als auf Synonymie richten wollen, wenn es uns um den operational grundlegenden semantischen Begriff zu tun ist. Wie also ließe sich solches »Bedeutungsverstehen« erklären? In der Praxis gestehen wir jemandem zu, daß er einen Satz versteht, wenn wir weder von den Umständen überrascht sind, unter denen er diesen Satz äußert, noch von seinen Reaktionen auf eine Äußerung des Satzes durch andere – allerdings unter der weiteren Vorbedingung, daß er nicht typischerweise mit offenkundiger Verwunderung reagiert. Und wir hegen den Verdacht, daß er einen Satz nicht versteht, wenn dieser ganze Vorgang drastisch von den genannten Bedingungen abweicht. Gleichwohl ist hierbei keine offensichtliche Grenzziehung möglich. Es ist nicht etwa so, daß sich ein allgemeines Kriterium zur Beantwortung der Frage zu erkennen gäbe, ob er den Satz in der Tat mißversteht oder bloß einer ungewöhnlichen Theorie über die Wirklichkeit anhängt, von der er handelt.

Bei einem Wort können wir uns eher sicher sein als bei einem Satz, wann wir einem Sprecher Mißverstehen unterstellen dürfen, denn hier können wir beobachten, wie jemand zahllose Sätze verwendet oder auf ihre Verwendung reagiert, in denen jeweils dieses Wort vorkommt. Und hier können wir unser Experiment tatsächlich kontrollieren und unsererseits Sätze auswählen, auf die wir seine Reaktionen hin prüfen. Es kann sich dann herausstellen, daß er anders auf Sätze reagiert, als man dies gemeinhin erwarten würde, sobald sie das betreffende Wort enthalten, während er auf eine vertrautere Weise auf viele Sätze reagiert, die unseren Sätzen ansonsten weitgehend gleichen, in denen aber das fragliche Wort nicht vorkommt.

Lautet unser Thema, was das Verstehen von Sprache auszeichnet, kommt es demnach zu einem subtilen Austausch zwischen Wort und Satz. In einer Hinsicht ist die grundlegende Einheit der Satz: Ein Wort verstehen, heißt wissen, wie dieses Wort in Sätzen zu verwenden ist und wie auf solche Sätze reagiert werden muß. Doch sobald wir umgekehrt jemandes *Satz*verstehen einer Probe unterziehen wollen, konzentrieren wir uns am besten auf ein Wort und auf den Widerhall eventueller Unregelmäßigkeiten in den Satzkontexten dieses Worts. Erst wenn wir uns durch eine Vielzahl solcher Sätze hindurch davon überzeugt haben, daß er das Wort mißversteht, sind wir berechtigt, die Konsequenz zu ziehen, seine seltsame Reaktion auf den ursprünglichen Satz, in dem das Wort vorkam, gehe auf ein Mißverstehen des Worts zurück und nicht auf eine irgendwie ungewöhnliche Theorie darüber, wie die Wirklichkeit beschaffen ist.

Aus behavioristischer Sicht ist Verstehen darum ein statistischer Effekt, und solche Effekte gibt es nur in bezug auf eine *Vielzahl* von Fällen. Der Kern ist zwar das Wort, aber die *Masse* besteht eben aus den zahllosen Sätzen, in denen dieses Wort auftritt. Es ist gleichsam das überwiegend gesunde oder ungesunde Aussehen dieser Masse, die uns als Verstehen oder Mißverstehen gilt, und wir sind in keiner Weise gezwungen, hier nach einer scharfen Grenze zu suchen. Vom Flugzeug aus wird derselbe Wald als eine scharf abgegrenzte Masse wahrgenommen, der einem Beobachter auf dem Boden den Anblick eines diffusen Gebildes darbietet; und ein Tintenfleck scheint, mit bloßen Auge betrachtet, eine deutliche Abgrenzung zu haben, während er sich bei entsprechend starker Vergrößerung als ein diskontinuierliches Objekt erweist. Mit einer ganz ähnlichen Einstellung können wir uns zufriedengeben, wenn es darum geht, Verstehen und Mißverstehen eines Ausdrucks voneinander zu unterscheiden.

Lexikographie bedarf keiner Synonymie, wie wir gesehen haben, und sie bedarf auch keiner strikten Demarkation zwischen Verstehen und Mißverstehen. Es ist zwar die Aufgabe des Lexikographen, dafür zu sorgen, daß sein Leser gewisse Ausdrücke besser versteht, doch kann er sie erfüllen, ohne dabei eine solche Trennlinie ziehen zu müssen. Innerhalb eines begrenzten Terrains tut er, was er kann, um das Sprachverhalten seines Klienten auf den Sprachgebrauch einer ganzen Gemeinschaft hin zu regulieren – oder irgendeines bevorzugten Sektors. Solch eine Regulierung ist eine graduelle Angelegenheit und eine vage: Sie ist von der Flüssigkeit und Effizienz abhängig, mit der eine Art Dialog zustande kommt.

IV · Intensionalität

§ 24 *Beobachtungssätze und Wahrnehmung*

Beobachtungssätze berichten typischerweise über Situationen oder Vorgänge in der Außenwelt. Manche von ihnen sind jedoch psychologischer Natur und haben dann eine wichtige Funktion zu übernehmen. Man betrachte zunächst einmal den Beobachtungssatz »Es regnet«. Klein Otto bekommt ihn von Gretchen ostensiv beigebracht, durch hinweisendes Zeigen. Gretchens Geschäft ist es, bei Otto die Bereitschaft zu verstärken, den Satz zu äußern bzw. ihm zuzustimmen, indem sie ihrerseits dem Satz genau dann zustimmt, wenn sie merkt, daß Otto das richtige Phänomen wahrnimmt, und ihn andernfalls davon abzuhalten. Damit hängt Ottos Bewältigung des physikalischen Satzes »Es regnet« davon ab, daß Gretchen ihrerseits – nicht eben buchstäblich, doch zumindest virtuell – den psychologischen Satz »Otto nimmt wahr, daß es regnet« beherrscht.

Unser Spracherwerb beginnt zwangsläufig immer mit ostensiv erlernbaren Beobachtungssätzen. Wenn unsereins solche Sätze von den Erwachsenen beigebracht bekommt, hängt dieser Vorgang mithin entscheidend von ihrer Fähigkeit ab, erraten zu können, wann wir wohl die richtigen Wahrnehmungen erhalten. Schlechthin jede Weitergabe einer Sprache von Generation zu Generation vollzieht sich also mit den Mitteln eines anhaltenden Verstehens – oder doch zumindest stillschweigenden Verständnisses – der Ausdrucksform ›*x* nimmt wahr, daß *p*‹, wobei ›*p*‹ hier für einen beliebigen Beobachtungssatz stehe, und die Bewältigung dieser psychologischen Ausdrucksform wäre demnach ungefähr so alt wie die Sprache selbst. Es ist bemerkenswert, daß sich damit bereits auf der Ebene der Beobachtungssätze durch den Gegensatz von »Es regnet« und »Otto nimmt wahr, daß es regnet« eine Verzweigung der psychologischen und der physikalischen Sprache ankündigt. Der Mensch ist wahrlich ein gespaltenes Wesen.

Jede einzelne Wahrnehmung, daß es regnet, ist eine momentane Veränderung in einem Gehirn. Und außerdem werden sich zwei Wahrnehmungen des Individuums Otto, daß es regnet, nicht allein darin unterscheiden, zu welchem Zeitpunkt sie auftreten, sondern auch in neuronaler Hinsicht, da es ja ganz unterschiedliche Anzeichen von Regen gibt. Zwar bilden also Ottos Wahrnehmungen, daß es regnet, eine Ereignisklasse, die womöglich viel zu kompliziert sowie neuronal zu heterogen ist, um in der Praxis – und sei es unter Voraussetzung einer vollständigen Kenntnis sämtlicher Tatsachen – überhaupt noch mit neurologischen Mitteln beschrieben werden zu können. Doch können wir hier darauf vertrauen, daß irgendein neuronales Merkmal existiert, das diese Vorgänge in seinem Gehirn auch als Klasse zusammenhält; denn schließlich waren es Reizverallgemeinerungen – subjektive Ähnlichkeiten –, die dafür verantwortlich waren, daß Klein Otto irgendwann gelernt hat, anläßlich all dieser unterschiedlichen Ereignisse in seinem Gehirn mit dem einen Beobachtungssatz »Es regnet« auszukommen.

Soviel erst einmal zu *Otto*. Nun wird allerdings die Klasse der Wahrnehmungen seitens einer ganzen *Population*, daß es regnet, noch um ein Vielfaches unbeschreibbarer sein, weil die Nervensysteme der Individuen verschieden vernetzt sind – zweifellos infolge der unterschiedlichen Lernerfahrungen, die sie in ihrer Lebensgeschichte machen, und vielleicht auch noch aufgrund genetischer Ursachen. Und trotzdem schafft es unsere Ausdrucksform ›nimmt wahr, daß es regnet‹, sich durch alle diese hoffnungslosen neurologischen Komplikationen hindurch einen Weg zu bahnen und jegliche Wahrnehmungen, daß es regnet, in ihrer Gesamtheit einzufangen – nicht allein die Ottos, sondern auch die aller übrigen Wesen.

Wohlgemerkt gelingt ihr dies, indem sie nicht einen gemeinsamen Mechanismus im Gehirn zitiert – sondern ein Symptom.

Und welch ein erstaunliches Symptom! Wir spüren es auf durch Empathie, indem wir uns etwa auf den Gesichtsausdruck eines Menschen konzentrieren und darauf, was sich vor seinen Augen abspielt, um es dann obendrein mittels einer Inhaltsangabe zu spezifizieren, in der *wir* stellvertretend für das interpretierte Subjekt einen Beobachtungssatz erscheinen lassen.[27]

Gretchen fühlt sich nicht anders in Klein Ottos Wahrnehmung ein, daß es regnet, als sich ein empirischer Sprachforscher in die Wahrnehmung seines eingeborenen Informanten einfühlt, daß sich ein Kaninchen gezeigt hat (§ 16). Auf der Ebene von Beobachtungssätzen hat die Aneignung einer fremden Sprache durch empirische Feldforschung starke Affinitäten zum frühkindlichen Erwerb der eigenen Sprache, etwa in einer Kindertagesstätte. Beiderlei Vorgänge sind von jemandes Fähigkeit abhängig, wahrzunehmen, daß ein anderer wahrnimmt, daß *p*.

§25 *Erweiterte Wahrnehmung*

Beobachtungsnähe (§§2 und 3) variiert grundsätzlich mit der jeweiligen Sprechergruppe und bleibt innerhalb einer solchen Gruppe auch von Person zu Person ein Stück weit eine graduelle Angelegenheit. Infolgedessen erfreut sich die Konstruktion ›nimmt wahr, daß *p*‹ selbst dann eines ungeschmälert regen Gebrauchs, wenn es sich bei der *Inhaltskomponente*, dem Gliedsatz, der uns den Inhalt der Einstellung angeben soll, nicht mehr wirklich um einen Beobachtungssatz handelt oder nur noch in sehr

[27] [Anm. d. Übers.: Die mit den vorigen drei Absätzen nur eben begonnene Skizze der komplexen Position des Autors zum heutigen psychophysischen Problem kommt erst mit §29 zum [hiesigen] Abschluß. Die relevanten Komponenten der Gesamtposition versammelt in übersichtlicher Weise der Eintrag »Quine, Willard van Orman« im *Companion to the Philosophy of Mind*, hrsg. von Samuel Guttenplan (Oxford: Blackwell, 1994); siehe auch die dort aufgeführten einschlägigen Texte.]

geringem Maße um einen solchen. Irgendwann vernimmt man dann gar: »Otto bemerkt, daß der Zug sich verspätet«.

Man frage sich einmal, wie man es wohl dazu bringt, diesen Satz zu verwenden. Es gibt mannigfache Verhaltensweisen, durch die Menschen zeigen können, daß sie die Verspätung eines Zuges bemerken, und diese bilden charakteristische Klassen: Auf der einen Seite können sie uns schlicht sagen, daß der Zug Verspätung hat. Oder sie laufen etwa ungeduldig auf und ab, schauen auf die Uhr, spähen die Gleise entlang. Mit der Ausbildung unreflektierter Gewohnheiten dieser Art haben wir uns zugleich auch die Fähigkeit angeeignet, ähnliche Erscheinungen bei anderen zu beobachten. Wir gelangen dahin, unsere eigenen Gepflogenheiten auch bei einer anderen Person wieder zu erwarten. Und ebendiese Bereitschaft war es wiederum, die uns in den Stand gesetzt hat, anderen Menschen Beobachtungssätze beizubringen sowie unsererseits zu lernen, wann wir ›*x* nimmt wahr, daß *p*‹ in beobachtungsnahen Fällen zuzustimmen haben. Sie erstreckt sich aber über die Wahrnehmung hinaus auch auf Sätze wie »Der Zug verspätet sich«.

Unsere Beobachtungsindizien hierfür werden keineswegs mit Überlegung versammelt. Vielmehr versetzt man sich per Empathie in Ottos Lage und sein typisches Verhalten und merkt dabei, daß es eben der Satz »Der Zug hat Verspätung« ist, der sich natürlicherweise einstellt. Hierin besteht die gar nicht so unriskante Grundlage für unsere Konstatierung, Otto nehme wahr, daß sich der Zug verspätet. Schlüssiger werden derlei Gründe erst dann, wenn das beobachtete Verhalten Ottos auch eine Äußerung seinerseits einschließt, der Zug habe Verspätung.

Ein Gelegenheitssatz der Form ›*x* nimmt wahr, daß *p*‹ kann selbst dann wahr sein, wenn es sich bei seiner Inhaltskomponente gar nicht mehr um einen Gelegenheitssatz handelt, sondern um einen *bleibenden* Satz wie beispielsweise »Phisto ist ein Hund«. Dafür reicht uns jedoch nicht mehr aus, daß unsere Wahrnehmungsperson lediglich bereit ist, dem Inhaltssatz bei diesem Anlaß zuzustimmen, sondern sie muß zudem eben erst *bemerken*, daß er wahr ist. Je weiter man von Beobachtungssätzen abrückt, um so mehr verlangen Wahrnehmungsunterstellungen zusätzliche Hintergrundinformationen und Hypothesen seitens des Interpreten, der solche Zuschreibungen wagt.

§ 26 *Wahrnehmung von Dingen*

Zusätzlich zu unserer Konstruktion ›*x* nimmt wahr, daß *p*‹, worin die Beschreibung der Wahrnehmung durch eine solche Inhaltskomponente erfolgt, durch einen Glied*satz*, der die jeweilige Inhaltsangabe leistet, verfügen wir auch über die Konstruktion ›*x* nimmt *y* wahr‹, bei der die Wahrnehmung durch einen *Term* in der Position eines grammatischen Objekts beschrieben wird. Solch ein Term bezeichnet dann einen Gegenstand, der die Sinnesrezeptoren stimuliert, durch deren Reizung die Aufmerksamkeit des Wahrnehmungssubjekts geweckt wird. Ist dieser Gegenstand etwa eine Schüssel, kann die betreffende Kraft in dem Licht bestehen, das von der Schüssel zum Auge reflektiert wird. Doch stammt dasselbe Licht immer auch (auf dem Umweg über die Schüssel) von der Sonne oder von einer Lampe. Läßt sich der wahrgenommene Gegenstand also vielleicht im Rückgriff auf das Kriterium bestimmen, daß dieses Licht ohne weiteren Umweg unmittelbar von ihm kommt? Nein, das geht nicht, denn wir wollen ja auch zulassen, daß eine Schüssel dadurch wahrgenommen werden kann, daß sie sich in etwas spiegelt.

Das Problem hat eine einfache Lösung: Brennpunkt. Die Wahrnehmung einer Schüssel, die sich in einem Glas spiegelt, und die Wahrnehmung des Glases selbst unterscheiden sich in der Anspannung der Muskeln unserer Augen, denn schließlich ist der Brennpunktabstand zur Schüssel die Summe der beiden Abstände vom Auge zum Glas und von dort zur Schüssel. Und dasselbe Kriterium des Brennpunkts ist heranzuziehen, wenn wir das Sehen eines Gegenstands durch ein Glas hindurch vom Sehen des Glases unterscheiden wollen.

Doch reichen Kausalbeziehungen und Brennpunktabstand noch immer nicht aus, um den wahrgenommenen Gegenstand wirklich eindeutig zu bestimmen. Irgendein Teil der *Oberfläche* unserer Schüssel würde dieser Bedingung nicht minder genügen als die Schüssel selbst. Und außerdem käme dann all das, *wovon* dieses Stück Oberfläche einen Teil bildet, ebensogut in Frage – also etwa: die Schüssel oder die zugewandte Hälfte der Schüssel oder ein beliebiger Ausschnitt der *Umgebung*, der die Schüssel enthält – über beliebige Zeiträume hinweg, die wiederum das betreffende Reizungsereignis einschließen. Welches dieser unterschiedlichen Objekte als der Gegenstand der Wahrnehmung zu gelten hätte, würde erst durch den Beobachtungssatz der Person entschieden, die ihn wahrnimmt, wenn sie denn von sich aus einen solchen Satz äußern würde.[28]

Weiter oben haben wir gesehen (§§ 3, 9, 13), daß Beobachtungs*terme*, die für uns, retrospektiv betrachtet, Gegenstände bezeichnen, zu Beginn ihrer Laufbahn am besten als Beobachtungs*sätze* aufgefaßt werden, die in nur einem Wort bestehen. Ebensogut steht diese Strategie nun bei unserer Zuschreibung von Wahrnehmungen an: Man denke sich demnach ›*x* nimmt *y* wahr‹ vielmehr nach dem Modell von ›*x* nimmt wahr, *daß p*‹. Sagen wir »Otto nimmt die Schüssel wahr«, drücken wir uns so aus, weil wir uns bei unserer Einfühlung in Ottos Situation eben vorstellen, daß wir selbst spontan nicht die Beobachtungssätze »Schüsseloberfläche«, »Vorderseite einer Schüssel« oder »Schüssel plus Hintergrund« äußern würden, sondern den Beobachtungs*satz* »Schüssel«.

28 Weitere Verlegenheiten im Hinblick auf Gegenstände der Wahrnehmung erörtert Roderick Chisholm in seinem Buch *Perceiving: A Philosophical Study*, Ithaca: Cornell University Press 1957, Kapitel 10.

Halten wir in dieser Weise lieber an unseren Inhaltsgliedsätzen fest als an Wahrnehmungsobjekten, haben wir damit den trauten Einstellungszuschreibungen unseres Alltags keine wirklichen Beschränkungen auferlegt. Lautet die Nachfrage: »*Was* hat er wahrgenommen?«, geben wir uns ja in der Tat zufrieden mit einer Antwort der Form »Er nahm wahr, daß *p*«. Und wird gesagt »Sie haben *dasselbe* wahrgenommen«, so stellt uns eine vollständigere Erklärung in Gestalt von »Sie nahmen beide wahr, daß *p*« nicht minder zufrieden. Die obstinaten Wörter ›Was‹ und ›dasselbe‹, die hartnäckig ein Substantiv zu verlangen scheinen, drängen sich uns bloß auf, weil wir eben nicht über genügend Wörter verfügen, die für solche Inhaltssätze stehen könnten.

§ 27 *Glauben und Wahrnehmen*

Die Ausdrucksform ›*x* nimmt wahr, daß *p*‹[29] gelangt, wie wir gesehen haben, auch außerhalb der Kategorie der Beobachtungssätze und sogar der Gelegenheitssätze zur Anwendung. Und der Gebrauch, den wir von ihr machen, treibt die Rede vom Wahrnehmen, Gewahren und Bemerken in ungeahnte Höhen. So sollen wir gar bemerken, daß die Newtonischen Gesetze die Keplerschen implizieren. Indessen bleibt auch bei allen diesen erweiterten Wortgebräuchen eine Bedingung immer in Kraft: Nur anläßlich der Situation, in der wir erstmalig zur Kenntnis nehmen, daß *p*, sagt man von uns, wir gewahrten oder bemerkten, daß *p*. Sobald auf diese Bedingung verzichtet wird, ist in keinerlei Sinn mehr von Wahrnehmen oder Bemerken die Rede, sondern vielmehr von *Glauben*.

29 [Anm. d. Übers. Wie natürlich gleichermaßen: *merkt, beobachtet, gewahrt* oder *bemerkt, daß p*. Im Deutschen können eben die unterschiedlichsten Konstruktionen für das Englische ›perceives, that *p*‹ am Platz sein, und die Übersetzung hatte dieser Uneinheitlichkeit oben wie im folgenden zwangsläufig Rechnung zu tragen.]

Eine Einstellungszuschreibung der Art ›*x* nimmt wahr, daß *p*‹ ist selbst dann noch ein *Gelegenheits*satz, wenn es sich bei ihrer Inhaltskomponente um einen bleibenden Satz handelt, denn eine Wahrnehmung ist und bleibt ein momentanes *Ereignis*. Demgegenüber ist jede Zuschreibung der Form ›*x* glaubt, daß *p*‹ selber ein *bleibender* Satz, da eine Überzeugung ein andauernder *Zustand* ist.

Weitere Unterschiede, die lediglich Zufälligkeiten unseres Sprachgebrauchs ausmachen, lassen sich nebenbei anmerken. Eine Wahrnehmung ist ein Ereignis in nur einem Subjekt zu nur einem besonderen Zeitpunkt, wenngleich dieses Subjekt dann immer auch weitere Erfahrungen machen kann, die dieser Wahrnehmung exakt *gleichen*. Eine Überzeugung hingegen kann stets einer Mehrzahl von Subjekten gemeinsam sein. Außerdem werden Wahrnehmungen immer als *veritativ* aufgefaßt und Überzeugungen nicht: Nur wenn *p*, nehmen wir wahr, daß *p*; doch glauben, daß *p*, können wir auch irrtümlich.

Bezeichnender sind die Ähnlichkeiten. Schreiben wir jemandem mittels ›*x* nimmt wahr, daß *p*‹ eine Wahrnehmung zu, so beziehen wir unsere Indizien dafür aus der Beobachtung der Blickrichtung und des Verhaltens des Subjekts der Wahrnehmung sowie aus der Einfühlung, daß auch *wir* uns in *seiner* Lage zur spontanen Äußerung des jeweiligen Inhaltssatzes veranlaßt fühlen würden. Und schreiben wir ihm unter Verwendung von ›*x* glaubt, daß *p*‹ eine Überzeugung zu, sind unsere Beobachtungsindizien von ähnlicher, wenn auch typischerweise von noch indirekterer und vermittelterer Art: Wir reflektieren über das sprachliche und sonstige Verhalten des Glaubenden sowie über die Dinge, die uns aus seiner Vergangenheit bekannt sind, und mutmaßen, daß wir an seiner Stelle dem Inhaltssatz wohl – sei's offen, sei's heimlich – zustimmen würden.

Wollen wir ermitteln, was einer wirklich glaubt, ist das einfachste Verfahren dies, ihn zu befragen, wenngleich sich dabei auch Probleme in bezug auf die Aufrichtigkeit einer Person und die Übersetzung ihrer Sprache stellen können. Eine Wette ist ein guter Probierstein, sobald die Überzeugung von einer Art ist, daß es irgendwann einmal feststehen kann, wie die Wette ausgegangen ist. Die Argumente, die jemand zugunsten einer Überzeugung anführt, machen ein weiteres, wiewohl keineswegs endgültig schlüssiges Anzeichen dafür aus, daß er etwas glaubt. Und manche unserer Überzeugungen bekunden wir auch, indem wir die Flucht ergreifen, schwimmen gehen, freiwillig unser Zimmer aufräumen. Die Erscheinungsformen des Glaubens ändern sich auf das Extravaganteste mit den Überzeugungen und den Umständen dessen, der da glaubt.

In § 25 sahen wir, daß bereits Wahrnehmungsunterstellungen um so vermittelter und hypothetischer werden, je weiter wir von beobachtungsnahen Inhaltssätzen zu anderen möglichen Satzkomponenten und schließlich zu bleibenden Sätzen fortschreiten. Glaubensunterstellungen verhalten sich nun noch um einiges weniger zwingend, und das Indizienmaterial für sie ist äußerst diffus. Die Zuschreibung von Überzeugungen mit den Mitteln von Inhaltssätzen besitzt eine entwaffnend einfache Syntax: Schlechterdings *jeder* Aussagesatz soll grammatisch als Inhaltsangabe in Frage kommen und vermeintlich – wie groß sein Abstand zu allen denkbaren Beobachtungsindizien auch immer sein mag – eine verständliche Einstellungszuschreibung leisten können. Zwar kann eine Überzeugung im Verhalten auch so manifest sein wie der Glaube eines schwanzwedelnden Hundes, daß er sein Fressen bekommt. Doch was wäre über jemandes Glaube zu sagen, bei der Eucharistie komme es zur Transsubstantiation?

Die Konstruktion ›nimmt wahr, daß *p*‹ war unerläßlich für die Weitergabe der Sprache von Person zu Person (§ 24) und auf dieser Beobachtungsebene auch bestens unter der Kontrolle empirischer Indizien. Durch Extrapolation, Analogienbildung und immer weitere Extrapolation gebar sie der Welt indessen eine hemmungslose Brut, die keinerlei Gesetz mehr kennt: das Chaos unserer alltäglichen Glaubenszuschreibungen. Fortwährend mutieren auch noch die verantwortungsvolleren unter ihren Nachkommen in verantwortungslose, und man wird daran verzweifeln, hier noch eine klare Grenzziehung vornehmen zu wollen.

§ 28 *Propositionale Einstellungen*

Wir haben es bei ›nimmt wahr, daß *p*‹ und ›glaubt, daß *p*‹ mit zwei Varianten zahlreicher Ausdrucksformen sogenannter *propositionaler Einstellungen* zu tun, wie etwa ›hofft, daß *p*‹, ›bedauert, daß *p*‹, ›befürchtet, daß *p*‹, ›erstrebt, daß *p*‹, ›fragt sich, ob *p*‹ und schließlich vor allem ›sagt, daß *p*‹. Sympathisierende Einfühlung spielt bei den meisten von ihnen eine konstitutive Rolle, sobald wir derlei Einstellungen einem anderen Subjekt zuschreiben als uns selbst. Dies gilt sogar für den Fall von ›sagt, daß *p*‹: Jede zulässige Abweichung von wörtlichem Zitieren hängt davon ab, was nach Unterstellung des Interpreten die zitierte Person selbst im Sinn gehabt hat. Ob ich in indirekter Rede den Ausdruck ›der Friedensrichter‹ mit ›dieser Armleuchter‹ wiedergeben darf, hängt mitnichten vom Charakter des Friedensrichters ab, sondern von der Meinung, die der Sprecher von ihm hat, den ich gerade indirekt zitiere.

Derlei Empathie ist auch dafür verantwortlich, daß wir propositionale Einstellungen mit den Mitteln von Inhaltskomponenten zuschreiben. Wir sahen (§ 26), daß Inhaltssätze sogar im Fall der Wahrnehmung adäquatere grammatische Objekte abgeben als Terme. Schließlich wollen Inhaltssätze den psychischen Zustand des Subjekts und nicht etwa die Lage der Dinge wiedergeben. Aus der Perspektive des Interpreten operieren sie *holophrastisch*: Die Terme, die in einem solchen Gliedsatz vorkommen, erhalten hier nicht notwendigerweise jene bezeichnende Auslegung, die er ihnen angedeihen ließe, sobald der Interpret für sich selber spräche.

Die Gegenstände propositionaler Einstellungen – *was* jeweils geglaubt, bedauert und dergleichen wird – dachte man sich zwar herkömmlicherweise als *Propositionen* oder Satzbedeutungen, doch haben wir uns derartiger Gegenstände bereits samt und sonders entledigt (§ 21). Ich für mein Teil fasse sie schlicht als *Sätze* auf – und zwar als unsere Inhaltskomponenten selbst –, behandle das Wörtchen ›daß‹ also wie ein Anführungszeichen, das einen Namen all dessen einleitet, was ihm jeweils folgt. In Fällen, in denen wir jeweils sagen »Er glaubt, daß er Kant ist« (alias »Er hält sich für Kant«), ist dabei allerdings immer die entsprechende Korrektur mitzudenken, denn wörtlich würde seine Meinungsäußerung ja lauten: »*Ich* bin Kant«.

Schreibe ich Menschen wie Tieren propositionale Einstellungen gleichermaßen durchs Zitieren zu, unterstelle ich ihnen damit nicht etwa die Kompetenz, die zitierte Sprache – oder überhaupt eine Sprache – zu verstehen. Selbst eine Katze kann durchaus »Da ist eine Maus drin« glauben. Die Sprache bleibt auch dort allemal die Sprache dessen, der die Einstellung zuschreibt, wo ein Interpret sie empathierend auf das andere Wesen projiziert, das sich in der propositionalen Einstellung befindet. Die Katze soll sich eben in einem gewissen psychischen *Zustand* befinden, in dem unser Interpret, befände er sich in ihm, sagen *würde*: »Da ist eine Maus drin«. Die Zitattheorie gibt folglich die Empathie wieder, die – von ›nimmt wahr, daß‹ an aufwärts – in sämtliche Ausdrucksformen propositionaler Einstellungen eingeht.

Wollten wir dieser Theorie nun zu mehr Einfluß verhelfen, indem wir das Wörtchen ›daß‹ umschrieben und es tatsächlich ein Zitat markieren ließen, statt es bloß in seiner Rolle als Indikator unausgesprochener Intentionen zur Kenntnis zu nehmen, würden wir die indirekte Rede mit der direkten durcheinanderbringen. Doch könnten wir die Mehrdeutigkeit, die sich dann ergäbe, leicht wieder auflösen: Wir hätten uns nur darauf zu einigen, zweierlei Verben voneinander zu unterscheiden, etwa das Wort ›sagt‹ für Zitate in indirekter Rede und das Wort ›äußert‹

für Zitate in direkter Rede – sowie die zugehörigen zweierlei Zitatzeichen.

Jedermann ist vertraut mit dem Phänomen der Nichtsubstitutivität der Identität im Innenbereich der Inhaltssätze propositionaler Einstellungen. Substitution Identischer ist dort unzulässig, weil der interpretierten Person – der Person, die sich in der propositionalen Einstellung befindet – die einschlägige Identität stets auch unbekannt sein kann. Dieses Phänomen war eines der Hauptanliegen Gottlob Freges. Nicht minder haben wir uns davor zu hüten, in unsere Inhaltskomponenten hinein zu quantifizieren, denn bei den Werten der Variablen unseres äußeren Quantors handelt es sich stets um Dinge unserer realen Welt, die der Ontologie des Wesens, das sich in der Einstellung befindet, womöglich gar nicht entsprechen. Hierin besteht die *Undurchsichtigkeit des Bezugs* bei propositionalen Einstellungen und diese Undurchsichtigkeit wird von der Zitattheorie sehr schön dramatisiert: Ihre Zitate bezeichnen nämlich allesamt bloße Phonemsequenzen oder Sequenzen von Symbolen, deren Syntax wie auch Semantik, falls sie dergleichen kennen, im strengsten Sinne ihre eigene Angelegenheit bleibt.

Damit sei nicht gesagt, wir hätten uns damit abzufinden, daß ein solches Zitat relativ zum umfassenderen Kontext als ein syntaktisch unverdaulicher Kloß übrigbliebe. Wir können ihn schon verdauen, und zwar indem wir das Zitat ausbuchstabieren. Dafür legen wir uns zunächst Namen zu für sämtliche einzelnen Symbole – endlich viele – und erzeugen dann für jede beliebige Symbolsequenz durch Zwischenschalten eines Verkettungszeichens einen dazugehörigen Namen dieser Sequenz. Demnach ist beispielsweise ›παν‹ pi⌢alpha⌢ny, und eine solche Verkettung besitzt keine kompliziertere Syntax als das Additionszeichen der Arithmetik oder als ein Polynom.

Buchstabieren löst die Syntax und das Lexikon eines jeden Inhaltssatzes auf und fusioniert ihn mit der Sprache des Interpreten. Solange wir bei der unanalysierten Weise des Zitierens stehenbleiben, markieren die Zitatzeichen dagegen eine undurchsichtige Konfrontation zweier Ontologien, zweier Welten: der Welt dessen, der sich (wie unwissend auch immer) selbst in der jeweiligen Einstellung befindet, und der Welt des umsichtigen Interpreten, der die Einstellung zuschreibt.

Manchmal durchbrechen Interpreten den eisernen Vorhang zwischen den Blöcken. Wie ein Schauspieler aus seiner Rolle auch heraustreten und für sich selber sprechen kann, so können sie von den wirklichen Menschen ihrer Welt auch sagen

(1) Es gibt welche, die von Pirmin Spüri für Spione gehalten werden

statt einfach bloß

(2) Pirmin glaubt ›$\exists x$(x ist ein Spion)‹.

Nun wird Fall (1) jedoch inkohärent, sobald wir ihn als Zitat darstellen:

(3) $\exists x$(Pirmin glaubt ›x ist ein Spion‹).

Was nämlich in (3) zitiert wird, ist nichts weiter als der Name einer Sequenz von zwölf Buchstaben plus drei Leerstellen, und das ›x‹ darin hat mit dem äußeren ›$\exists x$‹ nicht das mindeste zu schaffen. Fall (1) schrieb einer Person Glauben *de re* zu; ein Zitat hingegen jederzeit Glauben *de dicto*.

Der Kardinalunterschied, der zwischen (1) und (2) ins Auge fällt, ist der zwischen der Verdächtigung einer konkreten Person und der für so gut wie jedermann typischen Überzeugung, daß es eben Spione gibt. Behaupten wir (1), dann sondern wir Pirmins Verdächtigungen von der Welt, wie Pirmin Spüri sie sich auszumalen pflegt, und richten sie auf die Bewohner unserer realen Welt, setzen uns also schnöde über jedwelche Gleichsetzungen hinweg, die Pirmin schlicht nicht nachvollziehen würde. So hat Spüri etwa einen Mann im Verdacht, den er sich bedenklich häufig in der Nähe einer eidgenössischen Sicherheitszone herumtreiben sah, dieweil er Herrn Urs C. Hütli die ganze Zeit über geradezu für eine Säule der Eidgenossenschaft hält. Ihm ist einfach nicht klar, daß es sich bei beiden um *eine und dieselbe* Person handelt. Verdächtigt er Hütli demnach und hält ihn zugleich für unschuldig? So etwas wäre entweder unmöglich oder zumindest ziemlich unfair gegenüber Spüri.[30]

Propositionale Einstellungen *de re* setzen so etwas wie eine eigentümliche Intentionsbeziehung zwischen Gedanken und intendierten Dingen voraus, für die ich mir keine tragfähigen Richtlinien mehr vorzustellen vermag. Um (1) mit empirischem Gehalt zu füllen, hätten wir Spüri vielmehr eingehend zu verhören und seine zweckdienlichen Meinungen *de dicto* zu versammeln.

Ich komme zu dem Schluß, daß es nicht möglich ist, propositionale Einstellungen *de re* mit dem Begriffsgerüst unserer Wissenschaftssprache zusammenzupassen – was für propositionale Einstellungen *de dicto* so nicht gilt. Unsere Zuschreibungen *de re* sind bestenfalls Indikatoren, die anzeigen, in welcher Richtung wir nach informativen Zuschreibungen *de dicto* zu suchen hätten.

§ 29 *Der anomale Monismus*

In § 24 überlegten wir, daß bereits eine neurologische Übersetzung von »Otto nimmt wahr, daß es regnet«, die, was *allein Otto* anbelangt, auf ausnahmslos alle ihn betreffenden Anlässe zuträfe, eine gewaltige Errungenschaft wäre und dies selbst dann, wenn wir über eine bis ins einzelne gehende Kenntnis der neuronalen Verfassung der besonderen Person Otto verfügten. Zweitens stellten wir die Überlegung an, daß eine auf *beliebige* Klientel zutreffende, uneingeschränkt generelle neurologische Übersetzung

[30] Der Versuch, (1) mit den Mitteln von *Kennzeichnungen* beizukommen, ist von Robert C. Sleigh widerlegt worden: »On a Proposed System of Epistemic Logic«, *Nous* 1968.

unserer Ausdrucksform ›nimmt wahr, daß es regnet‹ auf jeden Fall jenseits unserer Möglichkeiten liegen würde.

Und doch ist eine jede Wahrnehmung eine einzelne Veränderung in einem besonderen Gehirn und mithin (sobald die Details in der Zukunft einmal bekannt sein würden) im Prinzip vollständig beschreibbar unter Verwendung ausschließlich neurologischer Terme. Für den Fall von Überzeugungen – Zuständen, die intersubjektiv geteilt werden können – läßt sich dies grundsätzlich *nicht* antizipieren, wenngleich sich im großen und ganzen dasselbe wiederum von den (eben einzelnen) Exemplifikaten einer solchen Überzeugung im Innenleben eines besonderen Individuums sagen ließe: Der Zeitraum, während dessen *ich* anhaltend davon überzeugt bin, daß sich die Erde dreht, unterscheidet sich von den zeitlich vorausliegenden Stadien meiner Person zum mindesten durch einige sprachliche Dispositionen, die als solche in irgendwelchen Besonderheiten meines Nervensystems verkörpert sein müssen.

Wahrnehmungen sind neuronale Vorgänge, und gleiches gilt für sämtliche jeweils *einzelnen* Vorkommnisse eines Fürwahrhaltens und der übrigen propositionalen Einstellungen, soweit sich diese nicht schon (wie in § 27) zur Gänze ins Irreale verflüchtigt haben. Physikalistische Erklärungen von Veränderungen im Gehirn und seinen Zuständen gehen munter vonstatten, ohne daß sich dabei psychologische Gesetze oder intensionale Begriffe aufdrängen würden. Es sind unsere *Klassifikationen* der individuellen Ereignisse in Typen, die das irreduzibel Psychologische ausmachen – unser alltägliches Sortieren einer Unzahl an sich völlig respektabler physikalischer Wahrnehmungsereignisse in die Klasse der Wahrnehmungen, *daß p*, wie auch einer Pluralität ebenso respektabler physikalischer Glaubenszustände als *die* Überzeugung, *daß p*. Ich gebe mich nach dem vorigen also mit der Position zufrieden, die Davidson seinerzeit *Anomaler Monismus* getauft hat und die uns heute auch als »Token-Materialismus« geläufig ist: Zwar gibt es keine psychische Substanz, doch verfügen wir über *irreduzibel psychologische* Arten und Weisen, physikalische Zustände und Ereignisse zu *sortieren.*[31]

Anfänglich war das Problem des Geistigen ebensogut ein ontologisches wie ein sprachliches Rätsel. In der Folge verblieb uns nach dem Verschwinden des Geistes als Substanz dann ein zweifaches Problem unserer mentalistischen Sprache: ein syntaktisches und ein semantisches. Das syntaktische Unterscheidungsmerkmal psychologischer Beschreibungen war unsere Inhaltskomponente, der Gliedsatz ›daß *p*‹. Er war es nämlich, der die *Extensionalität* vereitelte: die Substitutivität der Identität sowie, genereller ausgedrückt, die Austauschbarkeit beliebiger umfangsgleicher Terme und Satzteile *salva veritate.* Damit behinderte er die klassische Prädikatenlogik als *das* universelle theoretische Begriffsgerüst schlechthin. Heute ist dieser Teil der Geist-Problematik auf dem besten Wege, einer Auflösung zuführbar zu werden. Durch die zitattheoretische Deutung propositionaler Einstellungen *de dicto* werden diese mit Hilfe einer Reduktion des Zitierens auf das Buchstabieren dem extensionalen Bereich der Prädikatenlogik übergeben. Propositionale Einstellungen *de re* auf der anderen Seite wurden soeben zu indikatorischen Sprachmitteln degradiert, die in der Wissenschaftssprache gar nicht erst vorkommen.

So lassen sich propositionale Einstellungen *de dicto* immerhin syntaktisch mit der extensionalen Logik in Einklang bringen. Eine und dieselbe prädikatenlogisch reglementierte Sprache kann sie gemeinsam mit den Sätzen der Naturwissenschaften in sich einreihen. Die verbleibende Kuriosität dieser psychologischen

[31] [Anm. d. Übers. Wie schlechterdings überall in *Unterwegs zur Wahrheit* geht man den Motiven für Quines Position am besten anhand der einschlägigen Artikel seiner zuvor veröffentlichten *Quiddities* nach (Harvard University Press 1987), die den Leser mit einer Fülle philosophischer Einzelheiten und aufschlußreicher Erläuterungen der vorliegenden Paragraphen verwöhnen: Für den anomalen Monismus mag man sich also zunächst dem Eintrag »Belief« zuwenden.]

Prädikate *de dicto* ist dann eine rein semantische: Solche Prädikate lassen sich nicht auf produktive Weise mit den sich selbst genügenden Begriffen und Kausalgesetzen der Naturwissenschaften verzahnen.

Und doch stehen alle diese psychologischen Prädikate ungeachtet ihrer Vagheit (§ 27) bereits seit grauen Vorzeiten miteinander in einer steten Interaktion, die altgediente Strategien der Erklärung und Vorhersage menschlichen Handelns hervorbringt. In ihrer eigenen, inkommensurablen Weise ergänzen sie die Naturwissenschaften und haben sich sowohl in den Sozialwissenschaften unentbehrlich gemacht als auch im alltäglichen Umgang der Menschen. Dazu lese man Davidson und Dennett.

§ 30 *Modalitäten*

In den beiden Modalitäten Notwendigkeit und Möglichkeit lassen sich zwar keine offensichtlich psychologischen Begriffe erkennen, doch sind auch sie insofern *intensional*, als sie sich der Substitutivität der Identität nicht fügen. Hier bekommen wir es erneut mit dem weiter oben beobachteten Schwanken zwischen *de dicto* und *de re* zu tun. So ist beispielsweise der Satz ›nec (7 < die Anzahl der Planeten)‹ wahr *de re*, weil nec (7 < 9), während derselbe Satz, *de dicto* interpretiert, falsch ist.

Keineswegs jedoch läßt sich in puncto Nutzen zugunsten der Notwendigkeit so viel vorbringen wie zugunsten propositionaler Einstellungen. Der Ausdruck erfüllt zwar seinen Zweck in der Alltagsrede, doch einen wenig aufregenden. Einerseits setzen wir das Adverb ›notwendig‹ als Satzmodifikator ein, um einen Satz zu kennzeichnen, bei dem wir zum einen als sicher annehmen, unser gegenwärtiger Gesprächspartner werde ihn immer schon akzeptieren, und den wir zum anderen bloß als einen Satz behaupten, der zur Erwägung strittigerer Sätze hinführt. Und auf der anderen Seite schreiben wir ›Es ist notwendig, daß‹ aufs Papier, wenn wir etwas kennzeichnen wollen, das aus unseren bereits feststehenden allgemeinen Prämissen folgt, um es ausdrücklich von neuen Vermutungen und Hypothesen abzugrenzen. Wiederum ist der Nutzen hiervon sowohl *kontext*spezifisch und transitorisch als auch so unproblematisch wie der vergleichbare Nutzen unserer *Indikatoren*. Das Sublime an der notwendigen Wahrheit wird damit zwar nicht gleich zu Staub, aber doch immerhin zu einer höchst gewöhnlichen irdischen Hülle.[32]

Der sogenannte irreale oder kontrafaktische Konditionalsatz steht schon seit jeher in engem Kontakt zum Notwendigkeitsidiom, und eine der obigen Erklärung ziemlich ähnliche Theorie über diese Satzart hat fast schon den Stellenwert einer Überzeugung des gesunden Verstandes. Ein kontrafaktischer Konditionalsatz ist wahr, wenn sein Konsequens logisch aus seinem Antezedens in Konjunktion mit Hintergrundprämissen folgt, die mein Dialogpartner zuzugestehen bereit ist – oder die ich im Zuge einer ganz bestimmten Erörterung entweder bereits dargetan habe oder aber implizit voraussetze. Das Konsequens des Konditionals folgt *ceteris paribus* aus dem Antezedens, und die Sätze, die das Konditional stützen, machen die *cetera paria* aus.

Wenn ich hier schon einmal über das Sublime und seine sterbliche Hülle plaudere, könnte ich bei dieser Gelegenheit vielleicht gleich noch ein Wörtchen über »die Natur der Sache« verlieren. Die Freunde der Modallogik wollen der Notwendigkeit vielmehr einen *objektiven* Sinn geben, ganz so, als hätten wir es hier mit metaphysischer Notwendigkeit zu tun oder mit physikalischer Notwendigkeit. Dann muß man aber auch der Rede vom *Wesen* von etwas einen Sinn abgewinnen können, und dieses Wesen wird dann genau die Eigenschaften zu umfassen haben, die eine Sache notwendigerweise besitzt. Denn ›*x* hat notwendiger-

[32] [Anm. d. Übers. Zur Frage der Behandlung vermeintlich unterschiedlicher *Arten* von Notwendigkeit vgl. Quines »Reply to Charles Parsons« in Hahn und Schilpp (1986).]

weise *F*‹ ist schlicht und ergreifend ›nec *Fx*‹. Dieses Wesen hätte dann ein solches *de re* zu sein, eine dem Ding selbst inhärente *Natur* oder *Essenz*, die völlig unabhängig davon ist, als was wir die Sache jeweils bezeichnen; denn das Ding kann – wie soeben – auch lediglich die Rolle des Werts einer neutralen Variablen spielen.

In ihrem zuvor beschriebenen, alltäglichen Gebrauch ist die Formulierung ›Es ist notwendig, daß‹ hingegen nichts weiter als eine Anmerkung zweiter Ordnung, der zufolge ein bestimmter Satz nach Einschätzung aller jeweils Beteiligten zumindest für oder während der betreffenden Folgerung als wahr zu gelten hat. Eine ähnliche Rolle zweiter Ordnung wird dann für die Wendung ›Es ist möglich, daß‹ reserviert. Da sie ja lediglich ›Es ist nicht notwendig, daß nicht‹ besagt, kennzeichnet sie ihr Korrelat folglich als einen Satz, der von den Hintergrundüberzeugungen und Arbeitshypothesen der beteiligten Parteien nicht von vornherein als falsch ausgeschlossen wird. Dank unserer überwältigenden Unwissenheit stellen wir uns dies gedachte Reich des Möglichen dann als sehr viel größer vor als das Reich des Notwendigen. Alle unsere Pläne und Mutmaßungen liegen von nun an ebenso »im Bereich des Möglichen« wie all unsere Hoffnungen und Ängste.

§ 31 *Die Erblast des Mentalismus*

Wie eingangs festgehalten (§ 24), war es seit jeher eine Voraussetzung für die Weitergabe von Sprache, daß Kreaturen voneinander wahrnehmen können, daß der andere etwas wahrnimmt. Entsprechend archaisch ist dann die Verführung, die mentalistische Sprechweise zu überdehnen. Wir bemerken sie am Animismus, jener primitiven Theorie, die einer Unzahl von Körpern absolut hemmungslos eine Psyche unterstellt. Vielleicht steckte eine Spur dieses Mentalismus auch in der aristotelischen Theorie von der natürlichen Bewegungsrichtung der Substanzen: Erde nach unten, Feuer nach oben, Sterne im Kreis herum. Dieselbe archaische Dominanz des Mentalismus macht sich bemerkbar, sobald man lieber Zweckursachen als Wirkursachen zur Erklärung heranzieht. Im Mittelalter war dies eindeutig der Fall. So erklärten damals die Verfasser von Bestiarien gewisse mutmaßliche Eigenschaften oder Praktiken mancher Tiere als Strategie Gottes, dem Menschen zur Nacheiferung moralische Exempel an die Hand zu geben. Doch auch heute noch gibt sich eine solche Vorliebe für Erklärungen aus Zweckursachen deutlich bei Menschen zu erkennen, die nach dem Sinn des Lebens suchen. Sie mühen sich doch tatsächlich, das Leben zu erklären, indem sie seinen *Zweck* finden.

Der Begriff eines Zwecks ist einer von zahlreichen psychologischen Begriffen, die der Introspektion unseres Innenlebens entstammen. Weitere Beispiele sind etwa der Begriff einer Disposition und der eines Vermögens. Alle drei spiegeln sie unsere Einstellung des Wollens wider, unser Empfinden, frei wählen und handeln zu können. Vielleicht ist also die Modalität der Möglichkeit nichts weiter als eine entpersonalisierte Projektion des subjektiven Gefühls, etwas zu *können*, eine Projektion, die an die Praxis des Animisten erinnert, sich in einem Stein oder Baum einen Geist zu denken. Notwendigkeit wäre dann als eine Projektion unseres subjektiven Gefühls des Gezwungenseins oder der Einschränkung eines solchen Könnens zu begreifen.

Ich würde spekulieren, daß auch der Gedanke einer Wirkursache einmal psychologischen Ursprungs gewesen ist, und zwar als Projektion der subjektiven Einstellung des *sich Bemühens*. Jedenfalls gewann er in der Renaissance mit dem Aufblühen der Physik die Oberhand über die Zweckursachen. Gleichzeitig begann sich damals die Materie über den Geist zu behaupten. Selbstlos, wie er ist, ordnete dieser sich unter, woraufhin aus Materie plus Wirkursachen erst jenes wahrhaft formidable Gespann werden konnte, das seine Leistungsfähigkeit seither in immer neuen Schüben erfolgreicher Voraussagen unter Beweis gestellt hat.

Zweckursachen hatten seinerzeit noch eigene Erklärungsaufgaben zu übernehmen, nicht bloß im Hinblick auf die menschliche Psyche, sondern auch in der Biologie. Dort wurden sie schließlich zur Plage, da sie der Biologie jenen Status einer strengen Wissenschaft unmöglich machten, den sich die Physik inzwischen errungen hatte. Darwin entschied diesen Streit dann ausführlich und endgültig: Seine Theorie der natürlichen Selektion führte Zweckursachen in der Biologie auf Wirkursachen zurück.

Der Begriff einer Wirkursache spielt auch heute noch in allen einigermaßen strengen Wissenschaften eine beachtliche Rolle. Zwar handelt es sich bei ihm nicht um einen offenkundig intensionalen Begriff (der sich etwa der Substitutivität der Identität widersetzen würde), doch gleicht er unseren intensionalen Ausdrucksformen insofern, als er auf nicht mehr verdauliche Weise Sätze innerhalb von Sätzen verschachtelt. Weder sehen wir uns in der Lage, ›*p*, weil *q*‹ in Prädikate plus Quantoren plus Wahrheitsfunktionen aufzulösen, noch besitzen wir *überhaupt* einen Kausalitätsbegriff, der so klar wäre, wie wir ihn gern hätten. Wenn sie besonders streng vorgeht, läßt die Wissenschaft den Begriff der Ursache folglich links liegen und begnügt sich mit konstanten Korrelationen.

Der Begriff einer Disposition ähnelt dem Kausalitätsbegriff insofern, als er zwar die Substitutivität der Identität toleriert, sich jedoch gegen den Prädikatenkalkül sperrt. Und auch darin gleicht er ihm, daß er um einiges klarer sein könnte. Er scheint in einem wenig ermutigenden Potentialitätsbegriff verwurzelt zu sein. Doch lassen sich alle diese Unzuträglichkeiten ohne viel Federlesens zum Verschwinden bringen, denn man ist nicht gezwungen, in dispositionelle Wortendungen wie ›-lich‹ und ›-bar‹ überhaupt einen theoretischen Gehalt hineinzulesen. Als physikalische Prädikate befinden sich dann ›zerbrechlich‹ und ›löslich‹ mit anderen physikalischen Prädikaten auf einer Ebene, und die dispositionelle Form dieser Wörter ist lediglich eine lapidare Chiffre für irgendeinen einigermaßen verläßlichen Test oder ein

Symptom. Daß etwas unter Druck zerbricht oder sich beim Eintauchen auflöst, macht jeweils *Symptome* seiner Zerbrechlichkeit oder Löslichkeit aus. Zu diesem Thema mag man in meiner Abhandlung *Die Wurzeln der Referenz* die §§ 3 und 4 nachlesen.

V · Wahrheit

§ 32 *Wahrheitsträger*

Nach erstaunlich einhelliger Auffassung ist dasjenige, *was* wahr ist oder falsch, jeweils eine *Proposition*. Dies Urteil würde allerdings schwerlich so weithin geteilt, wäre da nicht auch die Mehrdeutigkeit der Rede von »Propositionen«. Die einen verstehen unter Propositionen ganz bestimmte Sätze, die einer Reihe von Bedingungen genügen. Für die anderen bezeichnet das Wort dagegen die Bedeutungen solcher Sätze. Was also zunächst nach Einhelligkeit aussieht, zerfällt alsbald in zwei philosophische Schulen: Für die erste Schule sind die Sätze selbst die Wahrheitsträger, für die zweite sind es die Bedeutungen dieser Sätze.

Eine der Schwachstellen der zweiten Position ist die Dürftigkeit der Vorstellung von einer Satzbedeutung. Sie erreicht geradezu ihre Sollbruchstelle, sobald man sich von meiner Unbestimmtheitsthese der Übersetzung überzeugt hat (§§ 18, 21). Doch sogar unabhängig von dieser Theorie erscheint es regelrecht als eine Verkehrung der Tatsachen, die sichtbaren oder hörbaren Sätze zu umgehen und sich auf Satzbedeutungen als die Wahrheitsträger konzentrieren zu wollen. Schließlich können wir einzig und allein im Rückgriff auf einen Satz überhaupt erst angeben, *welche* Satzbedeutung wir in einem konkreten Fall im Sinn haben.

Es gab natürlich ein Motiv dafür, zu den Satzbedeutungen zu drängen. Viele Sätze innerhalb einer Sprache oder in verschiedenen Sprachen werden als gleichbedeutend und die Unterschiede zwischen ihnen als wahrheitsirrelevant empfunden; das Untersuchungsgebiet ließ sich also offenbar enger eingrenzen, indem man Wahrheit lieber gleich von solchen Bedeutungen prädizierte. Und hierbei hätte es sich um ein durchaus vortreffliches Motiv gehandelt, wäre die Idee einer Satzbedeutung nicht so ungreifbar.

Wie die Dinge wirklich stehen, tun wir indes besser daran, uns unmittelbar mit Sätzen zu befassen. An ihnen haben wir etwas, woran wir uns festbeißen können.

Gleichberechtigt damit gab es noch ein zweites Motiv, auf Satzbedeutungen zu dringen, und zwar eines, das geradewegs in die Gegenrichtung weist: Ein und derselbe Satz kann nämlich bei manchen Äußerungsanlässen wahr sein und bei anderen falsch. So war etwa »Der Papst wird Boston besuchen« ehedem ein wahrer Satz, der nach seinem letzten Besuch dann jedoch zu einem falschen wurde. Und ob »Ich habe Kopfschmerzen« ein wahrer Satz ist oder ein falscher, hängt davon ab, wer ihn äußert und wann. Und schließlich kann auch die Mehrdeutigkeit oder Vagheit mancher Terme bewirken, daß der Wahrheitswert eines Satzes teilweise von der Intention des Sprechers abhängt.

Propositionen – sofern man sie sich als Satzbedeutungen dachte – sollten ausschließlich die Bedeutungen von Sätzen einer stabileren Sorte sein, die solchen Schwankungen nicht unterworfen sind und die wir als *zeitlose* Sätze[33] bezeichnen können. Meine naheliegende Replik lautet, daß dann eben diese zeitlosen Sätze selbst dasjenige sind, was die Aufgabe der Wahrheitsträger erfüllen kann. Dafür denke man sich lediglich in seinen Sätzen, wie man es gerade braucht, an die Stelle von Wörtern wie ›ich‹, ›du‹, ›er‹, ›sie‹, ›hier‹ oder ›dort‹ jeweils Namen, Adressen und andere identifizierende Details. Weiter denke man sich jegliches Tempus

[33] In meinen Logikbüchern von 1940, 1941 und 1950 sowie in den revidierten Fassungen, die über die Jahre von ihnen erschienen sind, nannte ich sie noch »Aussagen«. In der Folge bin dann ich mit diesem Terminus wegen seiner inzwischen konventionellen Verwendung für einen Sprechakt im Unterschied zu einem Satz etwas wählerischer umgegangen. Die Terminologie der »zeitlosen Sätze« stammt wie die der »bleibenden Sätze« (§ 4) aus der Zeit von *Wort und Gegenstand*. »Bleibender Satz« ist der umfassendere Begriff von beiden. So ist beispielsweise der Satz »Die Zeitung ist da« ein bleibender Satz, weil er unabhängig von zwischenzeitlich auftretenden Sinnesreizungen einen ganzen Tag lang Zustimmung finden kann, doch ist er keineswegs zeitlos.

weg zugunsten eines Prädikats wie ›früher als‹ oder zugunsten von Zeitangaben und dergleichen, je nach Bedarf. Und schließlich denke man sich sämtliche Mehrdeutigkeiten und Vagheiten beseitigt durch eine entsprechende Paraphrase – nicht absolut beseitigt, aber doch insoweit, daß sich der Wahrheitswert des betreffenden Satzes nicht mehr ändern kann. Die Wahrheitswerte brauchen dafür nicht etwa bekannt zu sein, doch sie müssen dauerhaft und stabil bleiben.

Es handelt sich um die gleiche Strategie, die uns von unseren Logikkursen her vertraut ist. Wenn wir uns Satzbeispiele aus der Alltagssprache vornehmen und diese durch Paraphrasieren in die Schreibweise von Wahrheitsfunktionen und Quantoren überführen, stellen wir uns – wiewohl stillschweigend – den Bezug der Indikatoren und der Relativpronomina stets als konstant vor und denken nicht im Traum daran, den Quantor ›$\exists x$‹ etwa als ›Es gab ein *x*‹ oder ›Es wird ein *x* geben‹ zu lesen.

In zeitlosen Sätzen – Aussagesätzen, die bereits auf solche Weise optimiert wurden – werde ich im folgenden in der Regel die Träger von Wahrheit oder Falschheit sehen, da dieser Weg alles in allem der für theoretische Zwecke vorteilhafte ist. Wir müssen uns allerdings darüber im klaren sein, daß wir mit dieser Strategie den überwiegenden Teil der Sätze links liegen lassen, die in unserer Alltagssprache als wahr oder falsch gelten, denn was wir alltäglich äußern, das sind zumeist keine solchermaßen verfeinerten Sätze. Unsere unmittelbar verhaltensbezogenen Wahrheitsträger sind nicht Sätze qua wiederholbare sprachliche Strukturen, sondern die einzelnen Akte des Äußerns solcher Sätze. Ihr Wahrheitswert ist fast immer ohne Zuhilfenahme einer Paraphrase eindeutig. Nur gelegentlich ist er es nicht, weil irgendein Name sich womöglich als bezuglos herausstellt oder sich ein vager Term genau dort als unbestimmt erweist, wo dies für die betreffende Äußerung erheblich ist. Solche Äußerungen können wir dann als *weder* wahr *noch* falsch einstufen – und vernachlässigen.

Soviel zur Erinnerung, wie sich unsere Position mit den konkreten Gegebenheiten des sprachlichen Verhaltens zu arrangieren hätte. Kehren wir jetzt zu dem Bereich zurück, der sich bequemer handhaben läßt – zum Bereich zeitloser Sätze, deren Wahrheit oder Falschheit, sei sie nun bekannt oder unbekannt, unveränderlich bleibt.

§ 33 *Wahrheit als Zitattilgung*

Wenn dies also die Gegenstände sind, die überhaupt erst wahr sein können, worin besteht dann eigentlich ihre Wahrheit? Als wahr sind sie zu klassifizieren, so erhält man allenthalben zur Antwort, wenn sie mit der Wirklichkeit übereinstimmen. Doch wird eine Wort-für-Wort-Entsprechung von Satz und Realität schlechterdings nie und nimmer gehen. Sie würde uns völlig überflüssigerweise dazu einladen, die Realität auf abstruse Weise mit Myriaden der ungereimtesten Phantasmen zu übervölkern, und all dies nur, um eine derartige Korrespondenztheorie aufrechterhalten zu können. Eine gepflegtere Strategie will daher *Tatsachen* postulieren, denen wahre Sätze dann als ganze entsprechen sollen. Aber auch das wäre beileibe noch zuviel des Guten. Für eine Erklärung der Welt werden zwar Gegenstände in Hülle und Fülle benötigt, und zwar abstrakte wie konkrete, doch außer einer solchen Scheinfundierung einer Korrespondenztheorie tragen Tatsachen dazu nicht das mindeste bei.

Und doch ist auf einer tieferen Reflexionsebene, wie uns Alfred Tarski gelehrt hat, an der Korrespondenztheorie der Wahrheit etwas dran. Anstatt zu sagen

> »Schnee ist weiß« ist dann und nur dann wahr, wenn es eine Tatsache ist, daß Schnee weiß ist

kann man den Ausdruck ›es eine Tatsache ist, daß‹ – und damit eben auch die Tatsachen – schlicht und einfach streichen und erhält:

> »Schnee ist weiß« ist dann und nur dann wahr, wenn Schnee weiß ist.

Von unserem Satz Wahrheit auszusagen, läuft darauf hinaus, vom Schnee zu sagen, daß er weiß ist. Hierin besteht im obigen Beispiel die besagte Übereinstimmung. Das Wahrheitsprädikat hebt schlicht die Anführungszeichen auf. Wahrheit ist Zitattilgung.

Prädiziert von einem wirklich vorliegenden Satz ist das Wahrheitsprädikat mithin redundant; man könnte ebensogut bloß diesen Satz selbst äußern. Als unentbehrlich erweist es sich jedoch für Sätze, die uns eben nicht vorliegen. So wollen wir beispielsweise auch sagen können, daß *alles*, was jemand bei einer bestimmten Gelegenheit gesagt hat, wahr war oder daß *alle* Sätze, die aus einer wahren Theorie logisch folgen, gleichermaßen wahr sind. Unterzieht man Kontexte dieser Art einer logischen Analyse, wird man einsehen, daß bei ihnen das Wahrheitsprädikat aber nicht auf ein Zitat angewandt wird, sondern auf ein Pronomen, eine gebundene Variable.

Das Wahrheitsprädikat erweist sich als außerordentlich wertvoll, sobald wir in einer Dimension verallgemeinern wollen, die sich nicht durch einen generellen Term ausschöpfen läßt. Die unkomplizierte Art der Verallgemeinerung sei etwa illustriert durch die Generalisierung des Ausdrucks ›Sokrates‹ in »Sokrates ist sterblich«: Die Verallgemeinerung dieses Satzes lautet einfach »Alle Menschen sind sterblich«. Der generelle Term ›Mensch‹ übernahm dabei die Aufgabe, die gewünschte Verallgemeinerungsdimension auszuschöpfen. Die kompliziertere Art der Verallgemeinerung hingegen läßt sich anhand der Generalisierung des Gliedsatzes ›die Zeit flieht‹ innerhalb des komplexen Satzes »Wenn die Zeit flieht, dann flieht die Zeit« veranschaulichen. Wir wollen sagen können, daß dieser Satzkomplex auch dann nicht falsch wird, wenn wir für den betreffenden Gliedsatz einen beliebigen anderen Satz einsetzen; und wir können dies nicht besser sagen als mit der soeben gebrauchten, entsprechend umständlichen Formulierung, in der das Wort ›wahr‹ vorkommt. Wir sagen: »Alle Sätze der allgemeinen Form ›Wenn p, dann p‹ sind wahr.« Wir konnten hier nicht wie in »Alle Menschen sind sterblich« generalisieren, denn ›die Zeit flieht‹ war ja nicht wie ›Sokrates‹ ein Name für ein Ding aus einem Gegenstandsbereich (Menschen), über den sich verallgemeinern ließ. Dies Hindernis wurde von uns durch *semantisches Aufsteigen* aus dem Weg geräumt: durch die Verlagerung unserer Rede auf eine Ebene, auf der es tatsächlich Gegenstände gab, über die sich verallgemeinern ließ, nämlich sprachliche Gegenstände – Sätze.

Auch außerhalb der Logik spielt das Mittel des semantischen Aufstiegs eine wichtige Rolle. Als Einstein seinerzeit die Relativitätstheorie aufstellte und damit unsere elementarsten Auffassungen von Entfernung und Zeit umstürzte, ließ sich seine Theorie nur schwer bewerten, ohne daß man auf diese Auffassungen zurückgriff und damit eine Petitio principii beging. Mit Hilfe des semantischen Aufstiegs kam man jedoch in die Lage, die neue Theorie und die alten Theorien als Symbolstrukturen miteinander zu vergleichen und zu würdigen, daß die neue Theorie die einschlägigen Daten auf eine einfachere Weise systematisierte als frühere Auffassungen. Wie einfach eine bestimmte Symbolstruktur ist, können wir nämlich entscheiden, ohne uns einer dieser Elementarauffassungen zu bedienen.

Wie die Korrespondenztheorie bereits andeutet, ist das Wahrheitsprädikat ein Bindeglied zwischen Wörtern und der Welt. Was wahr ist, ist der Satz, aber seine Wahrheit besteht darin, daß die Welt so beschaffen ist, wie es dieser Satz sagt. Von daher versteht es sich, wie das Wahrheitsprädikat den semantischen Aufstieg ermöglichen kann.

Die Erklärung der Wahrheit als Zitattilgung liefert uns keine Definition des Wahrheitsprädikats – zumindest nicht im strikten Sinne von ›Definition‹ –, denn eine Definition im strikten Sinne hätte stets anzugeben, wie wir den definierten Ausdruck aus jedem beliebigen Kontext zugunsten einer vorher eingeführten Formulierung eliminieren können. Doch in einem laxeren Sinne leistet sie durchaus eine Definition der Wahrheit, denn sie gibt uns ja für einen jeden beliebigen Satz Auskunft darüber, was es heißt, daß dieser Satz wahr ist; und sie tut dies in einer Begrifflichkeit, die uns nicht minder verständlich ist als der betreffende Satz selbst. Was es heißt, daß der Satz »Schnee ist weiß« wahr ist, verstehen wir ebenso deutlich, wie wir verstehen, was es heißt, daß Schnee weiß ist. Offenbar sollte sich darum einer, dem das Adjektiv ›wahr‹ Kopfschmerzen bereitet, statt dessen lieber über die Sätze Sorgen machen, denen er es zuschreibt. ›Wahr‹ ist nämlich durchsichtig.

Für zeitlose Sätze ist die Theorie der Wahrheit als Zitattilgung, wie wir gesehen haben, eine ordentliche und simple Angelegenheit. Außerdem läßt sie sich auch ohne weiteres auf die Alltagswelt unserer persönlichen Äußerungen übertragen: So ist etwa eine bestimmte Äußerung von »Ich habe Kopfschmerzen« genau dann wahr, wenn etwas dem Sprecher Kopfschmerzen bereitet, während er diesen Satz äußert.

§ 34 *Paradoxien*

Es erscheint als paradox, daß sich das Wahrheitsprädikat, obwohl man durch es hindurchsieht, in so hohem Maße als nützlich, ja als geradezu unentbehrlich erweisen kann. Was jedoch Paradoxien anbelangt, so kommt es noch um einiges schlimmer. Es ist seit langem kein Geheimnis mehr, daß sich Wahrheit durch und durch ins Paradoxe verstrickt, bis hin zu lupenreinen Antinomien.

Eine antike Form der Wahrheitsantinomie ist die Lügnerparadoxie »Ich lüge« alias »Dieser Satz ist nicht wahr«. Eine andere, minder strenge und populärere Form war die Paradoxie von Epimenides dem Kreter, der sagte, daß alle Kreter lügen. Die Antinomie, die beiden Formen zugrunde liegt, läßt sich zu logischen Zwecken wie folgt darstellen:

(1) ›ergibt einen falschen Satz, sobald man es hinter das Zitat seiner selbst schreibt‹ ergibt einen falschen Satz, sobald man es hinter das Zitat seiner selbst schreibt

Führen wir die Anweisungen von (1) also aus und schreiben wir den aus dreizehn Wörtern bestehenden Ausdruck hinter sein eigenes Zitat. Zum Ergebnis erhalten wir (1). Folglich sagt uns (1) offenkundig, daß *(1) selbst* ein falscher Satz ist, und läuft somit just auf das »*Ich* lüge« in anderer, allerdings eindeutigerer Gestalt hinaus. Und dies liegt klarerweise lediglich an den beiden harmlosen Operationen des Zitierens und Hintereinanderschreibens in Verbindung mit dem Begriff eines falschen Satzes, der sich seinerseits auf das unschuldige ›nicht‹ in Verbindung mit *wahr* zurückführen läßt. Darum liegt auf der Hand, daß das Wahrheitsprädikat der Störenfried sein muß. Es führt kein Weg daran vorbei, daß sich das Wahrheitsprädikat offensichtlich trotz seiner Durchsichtigkeit und scheinbaren Trivialität so lange als inkohärent erweist, wie wir seine Reichweite nicht irgendwie begrenzen.

Zur weiteren Verdeutlichung dürfte hier ein Kunstausdruck von Nutzen sein. Im folgenden wollen wir sagen, daß das Wahrheitsprädikat *das Zitat* eines Satzes S *aufhebt*, wenn sich die Satzform

_____ist dann und nur dann wahr, wenn_____

als wahr erweist, sobald ein Satz S in der ersten Lücke zitiert und in der zweiten Lücke hingeschrieben wird. Was die Theorie der Wahrheit als Zitattilgung demnach besagt, ist, daß das Wahrheitsprädikat das Zitat jedes zeitlosen Satzes aufhebt. Die Lektion, die wir aus unserer Antinomie gelernt haben sollten, lautet hingegen, daß bei Strafe logischer Unverträglichkeit keine Sprache, die sowohl über die unschuldigen begrifflichen Mittel des Zitierens und des Hintereinanderschreibens als auch über die Mittel der elementaren Logik verfügt, auch noch ein Wahrheitsprädikat enthalten *kann*, das die Zitate aller ihrer zeitlosen Sätze aufhebt. Das Wahrheitsprädikat einer solchen Sprache – oder vielmehr ihre beste Annäherung an dieses Prädikat – darf keinesfalls auch die Zitate all jener Sätze aufheben, in denen es selbst vorkommt. Genau das hat uns nämlich den Schlamassel mit (1) bereitet. Und natürlich darf es ebensowenig die Zitate aller Sätze aufheben, in denen Terme vorkommen, mit deren Hilfe sich dieses Wahrheitsprädikat paraphrasieren ließe. Nichts anderes besagt, abgesehen von seinem besonderen Augenmerk auf das Zitieren und das Hintereinanderschreiben, im wesentlichen der Satz, der uns mittlerweile als *Tarskis Theorem* geläufig ist. Er hat schwierigere Dinge bewiesen.

Von seinem Nutzen für die Allgemeinheit büßt das Wahrheitsprädikat dadurch wenig ein, denn es darf ja auch weiterhin die Zitate aller zeitlosen Sätze aufheben, die nicht ihrerseits wieder das Wahrheitsprädikat oder andere Ausdrücke enthalten, die auf dieses Prädikat hinauslaufen. Und sogar die soeben ausgeschlossenen Anwendungsfälle lassen sich mit den Mitteln einer Hierarchie unterschiedlicher Wahrheitsprädikate noch unter Dach und Fach bringen. Die Hierarchie hebt an mit einem Prädikat ›$wahr_0$‹, das die Zitate aller Sätze aufhebt, in denen keinerlei Wahrheitsprädikat oder äquivalente begriffliche Mittel vorkommen. Als nächstes kommt dann ein Prädikat ›$wahr_1$‹, das die Zitate aller Sätze aufhebt, in denen außer ›$wahr_0$‹ kein Wahrheitsprädikat oder äquivalente begriffliche Mittel vorkommen. Und so weiter, in aufsteigender Anordnung. Wir bekommen es folglich mit einer hierarchischen Progression zunehmend vollkommener Wahrheitsprädikate zu tun. Die Idee des Ganzen geht auf eine frühe Phase der Typentheorie Bertrand Russells zurück (siehe Russell 1908), der mit ihr unter anderem auch die Lügnerparadoxie ausschalten wollte.

§ 35 *Tarskis Konstruktion*

Wir sahen, daß Zitattilgung in einem minder strengen Sinne Wahrheit in der Tat definiert. Nun, da wir verstehen, daß so etwas wie strikte Definierbarkeit von Wahrheit für eine Sprache *innerhalb* dieser Sprache ohnehin zu Paradoxien führen würde, können wir für die Laxheit dieser Definition sogar dankbar sein. Von daher wird erst begreiflich, warum sich Tarski überhaupt auf das gefährliche Abenteuer eingelassen hatte, Wahrheit für eine Sprache so weit wie irgend möglich innerhalb dieser Sprache selbst zu definieren, denn er unternahm diesen Versuch, um wenigstens einmal zu untersuchen, welchem minimalen Hindernis der Status quo womöglich geschuldet war. Zwar trug er seine Überlegungen nicht in unserer Reihenfolge vor, doch im Ergebnis liefen sie auf dasselbe hinaus.

Die Sprache, die hier zu reinen Konstruktionszwecken gewählt wird, enthält die logischen Symbole für die Quantifikation und die Wahrheitsfunktionen sowie das mengentheoretische Epsilon ›$x \in y$‹ für die Elementbeziehung.[34] Außerdem enthält sie ein endliches Lexikon an Prädikaten aus den Naturwissenschaften und aus dem täglichen Leben, das so umfangreich sein darf, wie man nur will. Und schließlich enthält diese Sprache etwas, das uns im Ergebnis die begrifflichen Mittel des Zitierens und des Hintereinanderschreibens wie in (1) an die Hand gibt: Sie kann nämlich jedes einzelne Zeichen ihrer Ausdrücke spezifizieren, und sie kann die Verkettung von Zeichenkomplexen ausdrücken.

Das Wahrheitsprädikat wird stets von abgeschlossenen Sätzen ausgesagt, das heißt von Sätzen, in denen keine freien Variablen vorkommen. Sein Pendant für offene Sätze ist das zweistellige *Erfüllungs*prädikat. Eine Belegung von Variablen mit Objekten

[34] Sollte der Leser an dieser Stelle die Unterscheidung von Objektsprache und Metasprache erwarten, mag er sich ins Gedächtnis zurückrufen, daß ich hier gerade auf das soeben erwähnte »gefährliche Abenteuer« zu sprechen komme.

erfüllt einen Satz, wenn der Satz für diese Werte seiner freien Variablen wahr ist.

Was für ein Gegenstand ist eine *Belegung* von Variablen mit Objekten? Sie ist ganz einfach eine *Funktion*, eine sogenannte »funktionale« oder »eindeutige« *Relation*,[35] die jeder Variablen ein und nur ein Objekt zuordnet – jedem Buchstaben ›*w*‹, ›*x*‹, ›*y*‹, ›*z*‹, ›*w'*‹ usw. Und eine Relation ist ihrerseits eine *Menge* (oder Klasse) *von geordneten Paaren*. Es gibt altbekannte Verfahren, die Schreibweise ›$< x, y >$‹ der geordneten Paare mit den Mitteln des mengentheoretischen Epsilons und der logischen Partikeln kontextuell zu definieren.

Ist erst einmal Erfüllung definiert, ergibt sich Wahrheit dann mühelos. Ein abgeschlossener Satz wird, insofern er ja keine freien Variablen enthält, müßigerweise entweder von allen Variablenbelegungen erfüllt oder von keinen, je nachdem, ob es sich dabei um einen wahren Satz handelt oder um einen falschen. Wir können ganz einfach definieren

(2) ›*y* ist wahr‹ als ›∀*x*(*x* ist eine Belegung · ⟶ · *x* erfüllt *y*)‹ .

Darum ist es die vorrangige Aufgabe Tarskis, Erfüllung zu definieren. Zunächst definiert er sie für *atomare* Sätze, also für solche, die jeweils nur in genau einem Prädikat bestehen, das an eine oder mehrere Variablen angefügt ist. So erfüllt eine Variablenbelegung den atomaren Satz ›$x \in y$‹ dann und nur dann, wenn das dem Buchstaben ›*x*‹ zugeordnete Objekt ein Element des dem Buchstaben ›*y*‹ zugeordneten Objekts ist; und entsprechend für alle übrigen Prädikate des Lexikons. Als nächstes erfüllt eine Variablenbelegung eine Alternation von Sätzen dann und nur dann, wenn sie einen dieser Sätze oder beide erfüllt. Sie erfüllt ihre Kon-

[35] [Anm. d. Übers.: Vgl. Alfred Tarski, *Introduction to Logic and to the Methodology of Deductive Sciences*, § 32, New York: Oxford University Press 1941 (dt. von Erhard Scheibe: *Einführung in die mathematische Logik*, Göttingen: Vandenhoek ^{2}1966), und W. V. Quine, *Mathematical Logic*, § 40, Cambridge/Mass.: Harvard University Press ^{2}1951.]

junktion dann und nur dann, wenn sie beide erfüllt. Sie erfüllt eine Negation dann und nur dann, wenn sie den Satz, der negiert wird, nicht erfüllt. Und schließlich erfüllt eine Variablenbelegung eine Existenzquantifikation ›$\exists x$(… x …)‹ dann und nur dann, wenn eine mit ihr bis auf den Wert für ›x‹ übereinstimmende Variablenbelegung ›… x …‹ erfüllt.

Von dieser Art ist also Tarskis *rekursive* (alias *induktive*) Definition der Erfüllung. Sie erklärt zunächst die Erfüllung atomarer Sätze direkt, um dann mittelbar die Erfüllung von Sätzen beliebiger höherer Stufe oder Komplexität mit Hilfe einer solchen Erfüllung ihrer jeweiligen Komponenten zu erklären. Die Allquantifikation wird hier übergangen, da sie sich ja auf entsprechende Weise mit den Mitteln der Existenzquantifikation und der Negation ausdrücken läßt.

§ 36 *Auf der Flucht vor den Paradoxien*

Es ist offensichtlich, daß sich sämtliche Komponenten dieser induktiven Definition in der formalen Sprache selbst ausdrücken lassen, mit Ausnahme freilich des durch sie erst zu definierenden Ausdrucks ›erfüllt‹. Anscheinend haben wir daher Erfüllung für eine Sprache innerhalb dieser Sprache selbst definiert. Ergo müßten wir auch Wahrheit für eine Sprache innerhalb dieser Sprache selbst definiert haben, da wir uns schließlich auf (2) berufen dürfen. Doch just dies sollte ja auf einen Widerspruch hinauslaufen.

Wir könnten den Widerspruch sogar ohne unseren Umweg über (2), ›wahr‹ und (1) unmittelbar aus der Erfüllung selbst gewinnen. Wir hätten uns lediglich zu fragen, ob eine Belegung der Variablen ›x‹ mit dem Satz ›nicht (x erfüllt x)‹ den Satz ›nicht (x erfüllt x)‹ selbst erfüllt. So lautet übrigens Kurt Grellings sogenannte heterologische Paradoxie.[36]

[36] Siehe S. 4–6 in meinen Essays *The Ways of Paradox*. [Der Autor be-

Was den Status quo rettet, ist der Umstand, daß die Definition der Erfüllung eben eine *induktive* ist und keine direkte. Diese »rekursive« Definition erklärt zwar die Erfüllung eines jeden jeweils bestimmten Satzes, doch liefert sie mitnichten eine Übersetzung des Ausdrucks ›*x* erfüllt *y*‹ für variable ›*y*‹. Folglich gelingt es ihr weder, das ›nicht (*x* erfüllt *x*)‹ der Grellingschen Paradoxie zu übersetzen, noch ließe sich die Wahrheitsdefinition (2) für *variable* ›*y*‹ auf sie gründen: Es gelingt ihr lediglich, die Wahrheit jedes je bestimmten abgeschlossenen Satzes zu erklären. Sie hinterläßt daher das Wahrheitsprädikat genau so, wie es die Theorie der Zitattilgung zurückgelassen hatte: als vollständig erklärt im Hinblick auf jeden besonderen Satz einer jeweiligen Sprache, doch keinesfalls im Hinblick auf eine Variable.

Das ging beinahe daneben, und noch enger wird es bei dem, was jetzt kommt. Indem wir Relationen erneut als Klassen geordneter Paare auffassen, können wir ›$< x, y > \in z$‹ besagen lassen, daß *x* in der Relation *z* zu *y* steht. Stellen wir uns nun die obige induktive Definition der Erfüllung in unserer formalen Sprache so umgeschrieben vor, daß die Variable ›*z*‹ jeweils die Stelle des Prädikats ›erfüllt‹ einnimmt und damit ›$< x, y > \in z$‹ die Stelle von ›*x* erfüllt *y*‹. Schreiben wir sodann als Abkürzung der ganzen, in dieser Weise umgeschriebenen induktiven Definition den Ausdruck ›ϕz‹. Er bestimmt *z* ebenso präzise wie die Relation der Erfüllung. Offensichtlich gelangen wir damit also zu einer *direkten* Definition

(3) $\exists z (\phi z \cdot < x, y > \in z)$

von ›*x* erfüllt *y*‹, die strikt innerhalb der formalen Sprache selbst formuliert ist. Läuft dies denn nicht auf einen Widerspruch hinaus?

Nein. Diesmal ist die Pointe die, daß es eine Relation *z* derart, daß ϕz, womöglich nicht gibt. Ja, es darf sie lieber erst gar nicht

zieht sich oben auf das im Literaturverzeichnis angegebene Papier von Kurt Grelling und Leonard Nelson; d. Übers.]

geben, denn sonst droht ja, wie uns inzwischen klar ist, ein Widerspruch. Das zweistellige Prädikat ›erfüllt‹ bleibt nach wie vor auf seine induktive Weise wohldefiniert, doch unser Verständnis des Prädikats und seiner Verwendungsweise ist keinerlei Garantie dafür, daß es das entsprechende abstrakte Objekt gibt, die entsprechende Menge geordneter Paare. Und sobald es eine solche Menge von Paaren nicht gibt, liefert (3) auch keine Übersetzung von ›*x* erfüllt *y*‹. Obgleich das Erfüllungsprädikat also sogar innerhalb der formalen Sprache durch die Rekursion hinreichend erklärt ist, wird das Prädikat auf keine vorher eingeführte Notation dieser Sprache zurückgeführt. Erfüllung – und mit ihr Wahrheit – hat damit auch weiterhin den Status inne, dessen sie sich bereits unter der Zitattilgungstheorie erfreute: klar verständlich, ohne vollständig eliminierbar zu sein.[37]

§ 37 *Ineinandergreifende Hierarchien*

Die induktive Definition erklärt vollständig, was es heißt, daß eine Variablenbelegung einen Satz erfüllt. Daß eine solche Erfüllungsrelation oder Menge von Paaren dann existiert, ist nichts weiter als eine Annahme des »gesunden Verstandes«. Nun haben jedoch die Paradoxien der Mengentheorie – die Paradoxien von Russell, Burali-Forti und Cantor – dazu geführt, daß die Common-Sense-Anschauung, wonach klare Bedingungen der Elementbeziehung stets auch die Existenz einer Klasse, einer Menge garantieren, verworfen wurde. Sie waren letztlich allesamt Paradoxien des Prädikats ›$\in$‹ der Elementbeziehung, und im Hinblick auf unseren vorliegenden Fall verblüfft besonders, daß sich auch

[37] Die obige Analyse ist meinem Buch *Philosophy of Logic*, S. 35–46, entnommen. Eine etwas andere Analyse findet sich in meinem Papier von 1952: »On an Application of Tarski's Theory of Truth« in meinen *Selected Logic Papers*; sie wird notwendig, sobald unsere Mengentheorie so beschaffen ist, daß sie neben Mengen auch äußerste Klassen zuläßt.

die Mengenlehre als sensibel für Paradoxien der Wahrheit und der Erfüllung erwiesen hat.

Manche Mathematiker denken sich zum Universum der üblichen Klassen oder Mengen noch eine Schicht von Klassen hinzu, die nicht ihrerseits Elemente weiterer Klassen sein können. Der Unterschied wird dann mit Hilfe der bis dahin austauschbaren Ausdrücke ›Menge‹ und ›Klasse‹ markiert: *Mengen* sind Klassen, die Elemente weiterer Klassen *sind*. Die zusätzlichen *Klassen*, die von nichts Element sind, wurden in schwankender Weise einmal als ›echte‹ Klassen bekannt, ein andermal als ›eigentliche‹ Klassen. Ich für mein Teil habe sie *äußerste Klassen* getauft.[38] Bedingungen der Elementbeziehung, die keine Mengen festlegen, lassen sich dann ohne Furcht vor Widersprüchen als Bedingungen wiedereinsetzen, die äußerste Klassen festlegen. Von nun an wird aus purem Luxus jedwede Bedingung der Elementbeziehung zu Mengen stets eine *Klasse* festlegen; und vielleicht wird es sich bei dieser Klasse um eine Menge handeln, vielleicht um eine äußerste Klasse. Charles Parsons hat in seinen Essays *Mathematics in Philosophy* (S. 212–214) gezeigt, daß unsere Erfüllungsbeziehung, die als Menge von Paaren nicht existieren konnte, von nun an als eine äußerste Klasse von Paaren existieren wird. Letztlich wird nunmehr also doch eine direkte Definition der Erfüllung und damit der Wahrheit erreicht. Doch wird sie lediglich für Sätze der alten Theorie erzielt, für Sätze, die noch nicht um derlei äußerste Klassen bereichert wurden.

Nehmen wir also an, wir hätten zusammen mit den neuen äußersten Klassen eine neue Sorte von Variablen, die sich auf Klassen *überhaupt* erstrecken, eingeführt und die alten Variablen auf die Mengen beschränkt. Dann ist die Pointe die, daß zwar das Wahrheitsprädikat unter Garantie alle Zitate der alten Sätze auf-

38 [Anm. d. Übers.: Vgl. etwa W. V. Quine, *Mengenlehre und ihre Logik*, dt. von A. Oberschelp, Braunschweig: Vieweg 1978, S. 2 ff., 33 ff., 220 f.]

hebt, daß ihm dies aber eben nicht für einige Sätze gelingen wird, in denen die neuen Variablen vorkommen.

Wir können dieses Manöver jedoch wiederholen und ohne Ende Schicht um Schicht an neuen Klassen hinzufügen. ›Äußerste‹ Klasse kann nun nicht mehr das richtige Wort sein, und ich muß mich der Terminologie der *eigentlichen Klassen* anschließen. Auf einer jeden Ebene werden als Elemente für solche Klassen nun Elemente aller und nur der jeweils niedrigeren Ebenen zugelassen. Für beliebige *i* erstrecken sich somit auf der *i*ten Ebene die Variablen ›x_i‹, ›y_i‹ etc. über diese Ebene selbst und alle niedrigeren Ebenen; ›x_0‹, ›y_0‹ etc. erstrecken sich also über Mengen. Sämtliche Prädikate ›wahr_0‹ ›wahr_1‹ usf. lassen sich nun durch direkte Definitionen gewinnen. Für beliebige *i* hebt das Prädikat ›wahr_i‹ verläßlich die Zitate von Sätzen auf, in denen keine gebundenen Variablen oberhalb von Ebene *i* vorkommen. Wir erhalten eine in sich geschlossene Sprache mit einer Hierarchie immer leistungsfähigerer Wahrheitsprädikate, ohne jemals zu einem besten Wahrheitsprädikat gelangen zu können. Für die meisten Zwecke, die der klassischen Mathematik nicht ausgenommen, ist bereits Wahrheit_0 gut genug.

Mit einer frühen Variante seiner Typentheorie, auf die wir gegen Ende von § 34 anspielten, wollte Russell sowohl die Wahrheitsparadoxie als auch die Paradoxie der Elementbeziehung ausschalten, indem er eine komplexe Hierarchie von Prädikaten postulierte. Es war ein vages und umständliches Projekt. In der Folge wurde es von Russell und anderen dann für mengentheoretische Zwecke weiter präzisiert und vereinfacht, indem man den Wahrheitsaspekt fallen ließ: Er sollte in der Mengentheorie nicht vorkommen. Und nun sehen wir die Klassenhierarchie aufs neue mit der Wahrheitshierarchie verzahnt, und zwar auf eine völlig eindeutige Weise sowie aus klaren, wiewohl etwas subtilen Gründen, die zu Russells Zeiten noch gar nicht vorhersehbar waren.

Ich habe die Hierarchie der Klassenvariablen und die der Wahrheitsprädikate so dargestellt, daß beide innerhalb einer einzigen umfassenden Sprache auftreten. Dies entspricht meinem eigenen Geschmack. Doch alternativ kann man sich auch eine Hierarchie von Sprachen ausmalen, von denen jede nur Variablen einer je eigenen Variablensorte und ein eindeutiges Wahrheitsprädikat für die nächstniedrigere Sprache enthält. Dieser Ansatz findet in der Mathematik eine wichtige Anwendung, wenn es gilt, die relative Stärke formaler Systeme zu beweisen. Soll bewiesen werden, daß ein bestimmtes System stärker ist als ein anderes, reinterpretiere man seine Prädikate einfach so, daß innerhalb dieses Systems das Wahrheitsprädikat des anderen Systems definierbar wird.

§ 38 *Tertium non datur*

Betrachten wir nun einige scheinbar abweichende Vorstellungen über Wahrheit. Eine von ihnen geht auf Aristoteles zurück und besagt, daß eine Aussage über die Zukunft, solange die Ereignisse noch nicht eingetreten sind, die sie dereinst einmal kausal absichern werden, weder wahr noch falsch ist. Bei Theologen stand diese Lehre hoch in der Gunst. Wären kontingente Prognosen schon jetzt wahr, vernünftelte man, so wären die Ereignisse bereits jetzt durch Gottes weise Voraussicht festgelegt und folglich eben nicht mehr kontingent. Man hatte das Gefühl, daß es bei einem konsequenten Determinismus keinerlei moralische Verantwortlichkeit des Menschen mehr geben könnte.

Selbst wenn wir ihre Überspanntheit zunächst noch außer Betracht lassen, kann diese Lehre der Theorie der Wahrheit als Zitattilgung nichts anhaben. Wenn es gegenwärtig *noch nicht* wahr ist, daß morgen eine Seeschlacht sein wird – um abermals das berühmte Beispiel des Aristoteles zu bemühen –, dann ist es ein Fehler, jetzt zu behaupten, daß morgen eine Seeschlacht *sein* wird; denn laut Voraussetzung ist dieser kontingente Satz gegenwärtig *weder* wahr *noch* falsch. Zugegebenermaßen handelt es sich hierbei um eine Renegatenlogik: Das Tertium non datur wird suspendiert, bis die Dinge kausal feststehen. Der zitattilgenden Natur des Wahrheitsbegriffs tut dies indes keinerlei Abbruch.

Manches fällt außerdem höchst exzentrisch aus: Einerseits gibt man dem Satz vom ausgeschlossenen Dritten den Laufpaß, und andererseits schränkt man den Bereich der Sätze, die dann überhaupt noch einen festen Wahrheitswert besitzen können, drastisch ein. Zum Glück ist aber das theologische Argument, das am Grunde dieses Verzweiflungsschritts liegt, in zweierlei Hinsicht ungültig. Zum einen unterstellt es, daß es so etwas wie einen allwissenden Gott gibt. Zum anderen wähnt es, daß ein durchgängiger Determinismus mit unserer Handlungsfreiheit unverträglich sei. Gegen die zweite These läßt sich einwenden, daß wir insofern frei und verantwortlich sind, als wir tun, wofür wir uns *entscheiden*; ob dann unsere Entscheidungen ihrerseits durch vorausliegende Ursachen determiniert sind oder nicht, steht gar nicht zur Debatte.

Auch andere Scheinangriffe auf den Satz vom ausgeschlossenen Dritten erweisen sich nicht unbedingt als das, was sie zu sein vorgeben. Zunächst einmal sei man sich gut darüber im klaren, daß Unkenntnis des Wahrheitswerts eines Satzes zum normalen Geschäft gehört und sehr wohl mit der Wahrheit oder Falschheit des Satzes verträglich ist. Des weiteren wird es oft genug so sein, daß aus einem Satz auf recht unterschiedliche Weise zuerst einmal ein zeitloser Satz zu bilden wäre, je nachdem, welche Intentionen eines Sprechers er in den verschiedenartigsten Situationen wiedergäbe. Dann sind es offenkundig nicht die (mehrdeutigen) Sätze selbst, die wahr oder falsch sind, sondern die entsprechenden Äußerungen – und zwar mitsamt ihren unzweideutigen Vervollständigungen, sollten uns diese überhaupt der Mühe wert sein. Der ursprünglich mehrdeutige Satz ist nun in der Tat weder wahr noch falsch, doch braucht man dies nicht eben als eine Verletzung des Satzes vom ausgeschlossenen Dritten zu werten. Besser man sieht darin eine *Unvollständigkeit*, die letztlich durch die eine oder andere Vervollständigung des Satzes zu beheben ist.

Dieser Ausweg stand im Falle der vom Theologen gerügten kontingenten Voraussagen nicht zur Verfügung, da hier ja die Sätze erst noch wahr oder falsch *werden* sollten – und zwar unabhängig von jederlei Vervollständigung unsererseits –, sobald sie einmal aufgehört hätten, kontingent zu sein.

Doch gibt es noch einen anderen, gewichtigeren Sonderfall, der ebenso bedrohlich ist für den Satz vom ausgeschlossenen Dritten: nämlich der von bezuglosen singulären Termen – also Fällen, in denen ein vermeintlicher Name oder eine Kennzeichnung nichts bezeichnen. Kommt in einem Satz ein solcher Term vor, ist ein gangbarer Weg der, diesen Satz als sinnlos außer Betracht zu lassen. Diese Strategie ist jedoch wenig gewinnbringend, wenn wir unsere Sätze für logische Zwecke reglementieren wollen, da die Existenz des jeweiligen Objekts auch eine offene Frage sein kann – wie sie es etwa im Fall von Camelot oder des Presbyters Johannes oder des äußersten Trabanten des Planeten Pluto ja tatsächlich ist. Es geht zwar in Ordnung, daß der Wahrheitswert eines Satzes offenbleiben kann, doch wäre es ungeschickt, selbst noch den Sinn eines Satzes ein für allemal unentschieden sein lassen zu wollen.

Man könnte das Tertium non datur dementsprechend opfern und statt seiner für eine mehrwertige Logik optieren wollen, die einen Schwebezustand zwischen wahr und falsch als dritten Wahrheitswert zuläßt. Von nun an wäre eben der Wahrheitswert des Satzes und nicht der Umstand, daß er *überhaupt* sinnvoll ist, von der Existenz von Camelot oder was auch immer abhängig – und so sollte es in der Tat auch sein. Indessen beläuft sich der für diese Strategie zu zahlende Preis auf die notorische Umständlichkeit einer jeden dreiwertigen Logik. Außer der Wahrheitsfunktion ›nicht‹, die Wahres in Falsches und Falsches in Wahres transformiert – und von nun an auch noch Schwebe in Schwebe –, gäbe es dann noch eine Wahrheitsfunktion, die Wahres in Schwebe, Schwebe in Falsches und Falsches in Wahres transformieren würde, sowie obendrein drei weitere einstellige Wahrheitsfunktionen dieser Sorte, um die Kombinationsmöglichkeiten auszuspielen – und all dies im Gegensatz zu einer einzigen Wahrheitsfunktion der Negation innerhalb der zweiwertigen Logik. Schreitet man dann fort zu den zweistelligen Wahrheitsfunktionen (also zu Konjunktion, Alternation und ihren Derivaten), beginnt diese Proliferation Amok zu laufen. Sie läßt sich zwar nach wie vor unter Kontrolle halten, doch verdient unsere windschnittige und einfache zweiwertige Logik eindeutig den Vorzug.

Zudem können wir ohnehin an ihr festhalten – gerade auch angesichts der Bedrohung bezugloser singulärer Terme –, indem wir uns gemäß § 10 singulärer Terme insgesamt entledigen. Aus dem Satz ›Camelot ist prachtvoll‹ wird dann ›$\exists x$(x ist Camelot und x ist prachtvoll)‹. Er geht in keinen Schwebezustand mehr über, sondern wird kurzerhand falsch, wenn es nicht wahr ist, daß $\exists x$(x ist Camelot). Das Prädikat ›ist Camelot‹ wird dabei ›ist prachtvoll‹ gleichgestellt und ebenso irreduzibel als Prädikat aufgefaßt.

§ 39 *Wahrheit versus gerechtfertigtes Fürwahrhalten*

Pilatus war vermutlich nicht der erste, der fragte, was Wahrheit sei, und er war auch keineswegs der letzte. Wer sich diese Frage vorlegt, pflegt nach etwas Tieferem zu suchen als nach der bloßen Zitattilgung, die uns als der akzeptable Kern der Korrespondenztheorie der Wahrheit blieb (§ 33). Gleichwohl liefert die Zitattilgungstheorie doch mit Sicherheit eine völlig unanfechtbare Erklärung, denn wer wollte etwa in Zweifel ziehen, daß »Schnee ist weiß« dann und nur dann wahr ist, wenn Schnee weiß ist? Außerdem liefert sie uns eine restlose Erklärung: Sie erklärt uns in präziser Weise die Wahrheit oder Falschheit eines jeden klaren Satzes. Ja, sie ist sogar eine mehr als adäquate Theorie, denn sie erlegt dem Wahrheitsprädikat eine Bedingung auf, die so stark ist, daß ihr bei Strafe des Widerspruchs kein Prädikat *innerhalb* der jeweiligen Sprache mehr genügen kann (§ 34).

Man hört von Zeit zu Zeit immer wieder von einer sogenannten pragmatistischen oder Kohärenztheorie der Wahrheit. Die Fragestellung, die dieses offensichtliche Streben nach einer über Zitattilgung hinausreichenden Theorie motiviert, läßt sich vielleicht so ausdrücken: Wenn im Hinblick auf einen beliebigen Satz die Prädikation der Wahrheit nichts weiter ist als die Behauptung dieses Satzes selbst, was sagt uns dann eigentlich, ob wir den Satz *behaupten* sollen?

Darauf gibt es eine eher arbeitsscheue Antwort: »Es kommt immer darauf an, um welchen Satz es sich handelt; im Fall von ›Schnee ist weiß‹ sieht man sich einfach Schnee an und prüft seine Farbe.« Wer eine etwas aufgeschlossenere Antwort sucht, wird eine generelle Analyse der Gründe des gerechtfertigten Fürwahrhaltens und damit der wissenschaftlichen Methode in Angriff nehmen – vielleicht entsprechend meinen Vorschlägen in §§ 2–7.

Die maßvoll holistischen Überlegungen, die dort vorgetragen wurden, verstehen sich als Gegenposition zu einem Weg, der in unseren Tagen von Michael Dummett propagiert wird: Er wendet sich mit erkenntnistheoretischen Argumenten gegen den Satz vom ausgeschlossenen Dritten. Im frühen zwanzigsten Jahrhundert ist diese Attacke in der Mathematik bereits von L. E. J. Brouwer geritten worden, dessen Position Dummett auf die Wissenschaft im ganzen übertragen wissen will. Grob gesagt ist der Kerngedanke der, einen Satz der Naturwissenschaft so lange als weder wahr noch falsch zu betrachten, wie kein effizientes Verfahren bekannt ist, seine Wahrheit oder Falschheit *empirisch festzustellen*.

Holistische Überlegungen lassen uns unschlüssig werden, welche Sätze uns überhaupt noch als die Kandidaten für Wahrheit oder Falschheit gelten sollen. Sichere Anwärter bleiben nach wie vor die kategorischen Beobachtungssätze. Andere Sätze haben dann in unterschiedlichem Maße Anteil an einem gemeinsamen empirischen Gehalt, sobald sie zusammengenommen kategorische Beobachtungssätze implizieren. Es scheint jedenfalls müßig, nach einem kritischen Unterschied zwischen Kandidaten für Wahrheit oder Falschheit und Kandidaten für besagte Schwebe Ausschau zu halten, wenn man diese Trennlinie nicht entweder gleich mit den Beobachtungssätzen selbst ziehen will oder am äußersten Ende in der entgegengesetzten Richtung: Man könnte ebensogut bloß jene Sätze ausschließen wollen, die zu keinem Zeitpunkt je in eine Folgerungsmenge eingehen, welche die Implikation kategorischer Beobachtungssätze gewährleistet – die mithin zu keinem Zeitpunkt jemals einen empirischen Gehalt in sich aufnehmen.

Wahrheit ist eben eine Sache und berechtigter Glaube eine andere. Wenn wir diese prinzipielle Differenz niemals aus den Augen verlieren, gewinnen wir an Klarheit und können uns überdies der wohltuenden Einfachheit der zweiwertigen Logik erfreuen.

§ 40 *Wahrheit in der Mathematik*

Wie steht es nun aber mit den Teilen der Mathematik, die, da sie in den Naturwissenschaften niemals zur Anwendung gelangen, an keinerlei empirischer Bedeutung teilhaben? Wie steht es etwa mit den höheren Gefilden der Mengentheorie? Wir erachten sie als sinnvoll, weil sie mit der gleichen Grammatik und in demselben Vokabular daherkommen, das die angewandten Abteilungen der Mathematik generiert. Wir sparen uns die Mühe, die Grammatik irgendwie auf unnatürliche Weise so zurechtzustutzen, daß sich diese Bereiche etwa ausschließen ließen. Nach unserem zweiwertigen Ansatz gelten sie uns somit als entweder wahr oder aber falsch – wenn auch in unerforschlicher Weise.

Sie sind jedoch nicht ganz und gar unerforschlich. Bei den Hauptaxiomen der Mengentheorie handelt es sich um allgemeine Sätze, die bereits im angewandten Teil dieses Gebiets wirksam sind. Und andere Sätze, die wie die Kontinuumhypothese oder das Auswahlaxiom von diesen Axiomen unabhängig sind, lassen sich gleichwohl den Kriterien der Einfachheit, ontologischen Ökonomie und Natürlichkeit unterwerfen, die immer und überall zur wissenschaftlichen Theoriebildung ihren Beitrag leisten werden. Auf Erwägungen dieser Art gründet beispielsweise Kurt Gödels Konstruktibilitätsaxiom ›V = L‹.[39] Es deaktiviert die überflüssigeren Stockwerke der höheren Mengentheorie und impliziert nebenbei das Auswahlaxiom und die Kontinuumhypothese. Weiterreichende Ökonomien sind von Hermann Weyl erwogen worden, wie auch von Paul Lorenzen, Errett Bishop und neuerdings Hao Wang und Solomon Feferman: Man versucht zu beweisen, daß sich sämtliche mathematischen Bedürfnisse der Wissenschaft auf der schmalen Grundlage jener Theorie befriedigen lassen, die uns heute als prädikative Mengentheorie geläufig ist.[40] Derlei Gewinn ist unverkennbar aus dem gleichen Holz wie all die Vereinfachungen und Einsparungen, die auch in den Naturwissenschaften selbst als Fortschritt gepriesen werden. Hier wie dort ist es uns darum zu tun, unser Globalsystem der Welt von Ballast zu befreien und zu straffen.

§ 41 *Äquivalente Theorien*

In § 7 wurde empirischer Gehalt nur für prüfbare Theorien definiert. Es folgte der Hinweis, daß ein Großteil unserer grundsoliden experimentellen Wissenschaft im von mir definierten Sinne gar nicht empirisch geprüft werden kann. Wie gesehen, kann dies an vagen und unkalibrierten Wahrscheinlichkeiten im Gepäck einer Theorie liegen, und zweifellos geschieht es auch noch auf andere, kompliziertere Weisen, die wir noch nicht so recht verstehen. Für solche Theorien habe ich zwar keine Definition ihres

[39] Vgl. die zweite Ausgabe meines Buchs *Mengenlehre und ihre Logik*, S. 171 ff. und 240.

[40] Hierzu lese man den Eintrag »Constructivism« in meinen *Quiddities – An Intermittently Philosophical Dictionary*, S. 34–36.

empirischen Gehalts anzubieten, doch erscheint es mir intuitiv noch als hinreichend verständlich, von ihrer empirischen Äquivalenz zu sprechen, denn schließlich kommen diese Theorien allemal noch in empirischen Experimenten zum Einsatz. Die einschlägige Überlegung ist hier die, daß jede Beobachtung, die zur Erhärtung oder Widerlegung der einen Theorie hinzugerechnet würde, ebensogut auch für oder gegen die andere Theorie spricht. Was ich über empirisch äquivalente Theorien ausführen werde, beansprucht Geltung sowohl für prüfbare Theorien als auch für Theorien, die in diesem mehr schlecht als recht definierten Sinne empirisch äquivalent sind.

Theorien können kraß voneinander abweichen in den Objekten, über die sich ihre gebundenen Variablen erstrecken, und gleichwohl – wie uns die Stellvertreterfunktionen aus § 12 lehren – empirisch äquivalent sein. Wir scheinen dann schwerlich noch das Recht zu haben, überhaupt von zwei Theorien zu sprechen: Es handelt sich bei ihnen offenbar um zwei Möglichkeiten, einer und derselben Theorie Ausdruck zu verleihen. Es ist zunächst interessant, daß eine Theorie im Hinblick auf ihre Ontologie dermaßen unterschiedlich ausfallen kann.

Viel Mühe und Papier wurden jedoch – unter anderem auch von mir – auf die Frage verschwendet, wann von *derselben* Theorie und wann von bloß äquivalenten Theorien zu sprechen sei. In Wirklichkeit geht es hier lediglich um Worte: Wir können die Rede von Theorien fallenlassen und einfach von Theorien*formulierungen* sprechen. Ich werde mich gleichwohl weiterhin der Abkürzung ›Theorie‹ bedienen; der Leser mag sich statt ihrer nach Belieben ›Theorienformulierung‹ aufs Papier denken.

Theorien (Theorienformulierungen) können miteinander logisch unverträglich und dennoch empirisch äquivalent sein. Ein vertrautes Beispiel liefern die Riemannsche Geometrie und die euklidische Geometrie, angewandt auf die Oberfläche einer Kugel. So gilt nach der Riemannschen Geometrie, daß Geraden einander immer schneiden. Die euklidische Geometrie dagegen sagt, daß manche Geraden einander schneiden und andere nicht, und insbesondere, daß es auf einer Kugel gar keine Geraden gibt. Der Konflikt löst sich auf, sobald der Term ›Gerade‹ im Riemannschen Glossar durch ›Großkreis‹ reinterpretiert wird.

Das nächste Beispiel ist weniger trivial und stammt von Henri Poincaré (nachzulesen im vierten Kapitel seines Werks *Wissenschaft und Hypothese*). Auf der einen Seite verfügen wir über unsere »Common-Sense-Vorstellung« eines unendlichen Raumes und fester Körper, die sich frei in ihm bewegen, ohne zu schrumpfen oder sich auszudehnen. Und auf der anderen Seite steht ihr die Theorie von einer endlichen Raumkugel gegenüber, in welcher diese Körper gleichmäßig schrumpfen, je weiter sie sich vom Mittelpunkt des Raumes wegbewegen. Beide Auffassungen lassen sich mit allen Beobachtungen in Einklang bringen, die uns überhaupt *möglich* sind: Sie sind empirisch äquivalent. Doch unterscheiden sie sich diesmal nicht bloß in der Wortwahl. Die Theorie, die einen endlichen Raum annimmt, kommt nicht ohne einen theoretischen Term aus, für den es kein Äquivalent in einer Theorie gibt, die vom unendlichen Raum ausgeht – ›Raumzentrum‹ nämlich.

Man stelle sich nun zwei Theorien vor, unsere eigene und eine andere, und zwar dergestalt, daß wir von ihrer empirischen Äquivalenz überzeugt sind, ohne jedoch einen Weg zu sehen, die eine durch eine systematische Satz-für-Satz-Reinterpretation in die andere zu transformieren, wie dies im Fall der Stellvertreterfunktionen und beim Kugelbeispiel möglich war. Drei Fälle sind zu berücksichtigen.

Fall 1: Die alternative Theorie ist mit unserer eigenen Theorie logisch verträglich und kommt unmittelbar in unserer eigenen Terminologie daher. Sie unterscheidet sich von unserer Theorie lediglich darin, daß sie einige theoretische Sätze impliziert, die unsere Theorie unentschieden läßt, und vice versa. Gleichwohl sind die beiden Theorien empirisch äquivalent. Dieser Fall stellt uns vor kein Problem. Wir würden uns die andere Theorie einfach zu eigen machen und unserer Theorie als Bereicherung einverleiben, da sie ja auf viele theoretische Fragen Antwort gibt, die unsere Theorie offen gelassen hatte.

Fall 2: Erneut ist die andere Theorie mit unserer Theorie logisch verträglich, doch ist sie diesmal wie Poincarés Beispiel von einigen theoretischen Termen abhängig, die sich in keiner Weise auf Terme unserer eigenen Theorie zurückführen lassen.

Fall 3: Die beiden Theorien sind miteinander logisch unverträglich. Donald Davidson hat mir vorgeführt, wie sich dieser Fall durch folgendes Manöver auf Fall 2 zurückführen läßt.[41] Man erwäge einen beliebigen Satz *S*, der aus der einen Theorie folgt, wohingegen ihn die andere bestreitet. Da die beiden Theorien empirisch äquivalent sind, muß *S* von einem theoretischen Term abhängen, der nicht strikt an Beobachtungskriterien festgemacht ist. Ebendiesen empirischen Spielraum können wir uns dann zunutze machen und den betreffenden theoretischen Term als *zwei* Terme behandeln, die in den beiden Theorien lediglich ihre je eigene, unterschiedliche Schreibweise gefunden haben. Unser Satz *S* geht mithin über in zwei Sätze *S* und *S'*, die voneinander unabhängig sind. Bei fortgesetzter Anwendung dieses Verfahrens gelingt es uns schließlich, die beiden Theorien logisch miteinander verträglich zu machen.

§ 42 *Unauflösbare Unverträglichkeiten*

Somit bedarf nur Fall 2 besonderer Beachtung. Schränken wir unsere Aufmerksamkeit des weiteren ein auf globale Weltsysteme, um die Frage umgehen zu können, wie die beiden konkurrierenden Theorien womöglich in einem umfassenderen Kontext gemeinsam Platz fänden. Wir stellen uns also ein Globalsystem vor, das sowohl empirisch äquivalent ist mit unserer eigenen Welt-

[41] [Anm. d. Übers.: Siehe hierzu auch W. V. Quine, »Gegenstand und Beobachtung«, S. 418.]

theorie als auch logisch mit ihr verträglich, das jedoch auf exotischen Termen beruht. Es könnte nun so aussehen, als hätten wir dann als unbestechliche Empiristen eben beide Theorien als wahr gelten zu lassen. Doch sollte die andere Theorie außerdem weniger einfach und unnatürlicher sein als unsere eigene Theorie, wäre von einer solchen Strategie nicht mehr viel zu halten, zumal es ohnehin keine Grenze dafür gibt, wie grotesk umständlich eine Theorie ausfallen kann, die gleichwohl mit einer eleganten Theorie empirisch äquivalent ist. In einem solchen Fall machen wir uns besser die Präsenz irreduzibler exotischer Terme zunutze, die wir dann einfach als *sinnlos* von unserer Theorie ausschließen können. Es verhält sich mit ihnen letztlich nicht anders als mit ›Phlogiston‹ oder ›Entelechie‹ (von ›Schicksal‹, Gnade‹, ›Nirwana‹, ›Mana‹ und dergleichen ganz zu schweigen): Sie vermehren die prognostische Reichweite unserer Theorie in keiner Weise. Aus diesem Grunde deponieren wir sämtliche Kontexte, in denen die exotischen Terme vorkommen, kurzerhand in der Rumpelkammer der Nichtsätze.

Hier also greifen tatsächlich Kohärenzerwägungen ein in die Maßstäbe, nach denen Wahrheit zu beurteilen ist. Es sind hier Einfachheit und Natürlichkeit, die das Wahre vom Sinnlosen scheiden.

Wir können uns gleichwohl dazu durchringen, unsere ursprüngliche Theorie um irgendwelche neuartigen Ergebnisse der anderen Theorie anzureichern, in denen diese exotischen Terme nicht in Anspruch genommen werden. In einem solchen Fall begrüßen wir jeweils von außen kommende Informationen, die einer Quelle entstammen, deren Verläßlichkeit von uns nicht in Zweifel gezogen wird, ganz wie wir etwa bestimmte zusätzliche Wahrheiten der Zahlentheorie durch Exkurse in die Analysis gewinnen oder wie das Vierfarbenproblem im Rückgriff auf ein kompliziertes Computerprogramm gelöst worden ist.

Nehmen wir nun aber an, die konkurrierende Theorie falle nicht minder einfach und natürlich aus als unsere eigene Theorie. Hier wäre dann abermals der Punkt erreicht, an dem sich unsere empiristischen Bedenken aufs neue geltend machen. Sollten wir diese Theorie etwa wie in Fall 1 unserer eigenen Theorie einverleiben? Nein, denn dergleichen würde sich nicht gut mit dem Streben des Wissenschaftlers nach Einfachheit und Ökonomie vertragen, da die irreduziblen neuen Terme, die wir zusammen mit der eingegliederten Theorie importiert hätten, keine neu hinzukommenden beobachtbaren Sachverhalte abdecken. Die beiden Theorien waren ja bereits miteinander empirisch äquivalent und folglich auch empirisch äquivalent mit ihrer Konjunktion. Bei ihnen hatten wir es jeweils mit gleichermaßen vereinfachten Theorien in einem Kopf-an-Kopf-Rennen zu tun, wohingegen ein solches Theorientandem offenkundig *praeter necessitatem* überfrachtet wäre: überladen nämlich mit all den Sätzen, in denen die neuen Terme vorkämen.

Ein vertretbarer Standpunkt unseren beiden Theorien gegenüber wäre jener, den ich einmal als den *sezessionistischen* Standpunkt bezeichnet habe:[42] Man behandle die konkurrierende Theorie wie im vorigen Fall und verwerfe alle Kontexte, in denen ihre exotischen Terme vorkommen. Eine solche Ungleichstellung der beiden Theorien läßt sich jetzt zwar nicht mehr damit rechtfertigen, daß unsere eigene Theorie die elegantere ist, doch könnten wir geltend machen, daß wir schließlich über unsere in steter Entwicklung begriffene Theorie hinaus, wie fehlbar sie auch sei, keinerlei Zugang zur Wahrheit haben. (Es waren übrigens Dagfinn Føllesdal und Roger Gibson, die mich in dieser sezessionistischen Strategie noch bestärkt haben.) Der umgekehrte Standpunkt wäre dann der *ökumenische*, der beide Theorien zugleich als wahr gelten ließe. Die Plausibilität, die ihm eignet, ist die des Empirismus: unser Widerwille dagegen, unter empirisch äqui-

[42] In meiner »Reply to Roger F. Gibson, Jr.«; man findet sie in Hahn und Schilpp: *The Philosophy of W. V. Quine* (La Salle: Open Court 1986), S. 155–157.

valenten und gleichermaßen ökonomischen Theorien in irgend diskriminierender Weise Partei zu ergreifen. Die obige Strategie des Theorientandems, bei der wir entschieden haben, daß sie uns infolge ihres unökonomischen Vorgehens nicht zu Gebote steht, war bereits eine solche ökumenische Strategie. Doch ist eine andersartige ökumenische Strategie von Donald Davidson vertreten worden: Man lasse beide Theorien je für sich als wahr gelten und fasse das Wahrheitsprädikat dann so auf, daß es in einer umgreifenden und theorieneutralen Sprache, in der beide Theorien formuliert sind, zitattilgend operiert. Ich bin mir in den letzten Jahren unschlüssig gewesen, für welche dieser Alternativen ich mich eigentlich zu entscheiden hätte, die wir nunmehr auf zwei eingrenzen können: auf den sezessionistischen Standpunkt und auf den ökumenischen Standpunkt à la Davidson.

Davidsons Gegenvorschlag wirft Fragen im Hinblick auf die umfassende Sprache auf. Sie würde sämtliche Terme der beiden konkurrierenden Weltsysteme enthalten, und ihre Variablen würden sich über beide Ontologien erstrecken. Ausgezeichnete Prädikate hätten dafür herzuhalten, die Werte der Variablen je nach Bedarf auf die eine oder die andere Ontologie einzugrenzen. Wieviel weiter sollten sich die Variablen erstrecken? Und wie stünde es mit der Wahrheit? Würde es wie gegen Ende von § 37 zu einer Hierarchie von Wahrheitsprädikaten und einer entsprechenden Hierarchie von Variablensorten kommen? Wir müssen hier irgendwo Einhalt gebieten. Wir wollten ja lediglich eine umfassende Sprache und nicht etwa eine dritte Theorie.

Der in Aussicht stehende Gewinn ist keineswegs offensichtlich, wenn wir einmal von der sublimen Befriedigung absehen, mit der wir das Gütesiegel der Wahrheit dann unparteiisch vergeben könnten. Der Vertreter des sezessionistischen Standpunkts ist nicht minder als der des ökumenischen Standpunkts in der Lage, den gleichen Anspruch der beiden konkurrierenden Globaltheorien würdigen zu können, von allen uns möglichen Beobachtungsindizien gestützt zu werden. Und das Gütezeichen des

Berechtigtseins,[43] wenn auch nicht das des Wahrseins, vermag er nach wie vor unparteiisch zu vergeben. Außerdem steht es ihm ebenso frei wie dem Vertreter des ökumenischen Standpunkts, zwischen den beiden Theorien hin- und herzuwechseln, sobald es ihm darum zu tun ist, neue Perspektiven zu gewinnen, aus denen sich die Probleme womöglich in Angriff nehmen lassen könnten. In seiner sezessionistischen Weise erklärt er zwar in der Tat die eine Theorie für wahr und die theoretischen Terme der anderen für sinnlos, doch tut er dies nur so lange, wie er eben die eine Theorie vertritt und nicht die andere. Er könnte den Strumpf ohne weiteres auch auf den anderen Fuß ziehen.

Die Vorstellung unauflösbar unverträglicher Weltsysteme ist ein Gedankenexperiment, das hinausgreift über Gebiete, in denen Gewöhnung unseren Sprachgebrauch bereits verfestigt hat. Es verwundert dann nicht, wie die kosmische Frage, ob wir zwei konkurrierende Globalsysteme dieser Art beide als wahr bezeichnen sollten, in so lächerlich unerhabener Manier herunterschmoren kann auf eine rein verbale Frage. Von daher sollte sich auch mein zwischenzeitliches Schwanken verstehen.

Ergehe es diesen Konventionen wie immer es wolle, die beiden konkurrierenden Systeme beschreiben jedenfalls eine und dieselbe Welt. Beschränkt, wie wir allemal sind auf unsere menschlichen Begriffe und technischen Mittel, erfassen wir die Welt verschiedenartig. Hierbei fallen mir die so unähnlichen Strategien ein, die wir verfolgen können, um den Durchmesser einer Kugel zu ermitteln, in die wir nicht einzudringen vermögen: Wir können die Kugel in eine geeignete Schraublehre zwängen oder ihr

[43] [Anm. d. Übers. In diesem Zusammenhang pflegt Quine auf den amerikanischen Pragmatisten John Dewey hinzuweisen (namentlich auf sein Werk von 1938: *Logic – The Theory of Inquiry*) und eben im Unterschied zu Tarskis Wahrheitsbegriff auf die Brauchbarkeit von Deweys Begriff der »berechtigten Behauptbarkeit« (vgl. § 39): siehe dazu etwa seine »Reply to Harold N. Lee«, S. 316 in Hahn und Schilpp (1986), sowie »Comment on Ullian« in Barrett und Gibson (1990).]

ein Bandmaß umlegen und durch π teilen. Ins Innere werden wir jedenfalls nie gelangen können.

§ 43 *Zweierlei Unbestimmtheit*

Zwischen der empirischen Unterbestimmtheit der Globalwissenschaft und der Unbestimmtheit der Übersetzung besteht eine offenkundige Analogie. In beiden Fällen würde noch nicht einmal die Totalität möglicher Beobachtungsindizien ausreichen, das System eindeutig und endgültig festzulegen. Doch ist die Übersetzungsunbestimmtheit unverkennbar eine zweite Unbestimmtheit, eine solche, die zur Unterbestimmtheit des Globalsystems noch hinzukommt. Selbst nachdem wir uns, wie arbiträr auch immer, auf eines der empirisch äquivalenten Weltsysteme festlegen, bekommen wir es im Innenbereich eines solchen Systems zusätzlich noch mit der Unbestimmtheit der Übersetzung zu tun.

Ein weiterer Unterschied, der die Unbestimmtheit der Übersetzung gegenüber der Unterbestimmtheit auszeichnet, ist der, daß Übersetzungsunbestimmtheit *nichts* mit irgendwelchen uns unzugänglichen Tatsachen oder mit Schranken unserer spezifisch menschlichen Vermögen zu tun hat. Die *Semantik* kann einzig und allein über Dispositionen zu beobachtbarem Verhalten Wahres oder Falsches sagen – es gibt für sie (wie eingangs von § 14 festgehalten) schlechterdings keinen anderen Untersuchungsgegenstand. Für den Fall von Globalsystemen der Welt hingegen sind wir sehr wohl zu akzeptieren bereit, daß es zahllose, nicht weiter spezifizierbare Möglichkeiten gibt, auf welche die Realität über die Grenzen des menschlichen kognitiven Apparats hinausreicht.

Schauen wir uns abschließend noch ein wenig nach den relevanten Parallelen um. Auf der einen Seite haben wir also zwei nicht miteinander zu vereinbarende – und doch gleichermaßen verläßliche – Übersetzungssysteme; jedes von beiden macht mancherlei Übersetzungsvorschläge, die vom anderen verworfen werden. Auf der anderen Seite haben wir zwei unvereinbare – und doch empirisch äquivalente – Weltsysteme. Sobald anerkannt wird, daß die beiden Übersetzungssysteme zwei unterschiedliche Beziehungen der $Übersetzung_1$ und der $Übersetzung_2$ definieren, lassen sie sich miteinander vereinbaren – wie oben in § 18 ausgeführt. Nicht viel anders haben wir uns nun in § 41 klargemacht, daß sich auch die beiden unterschiedlichen Globalsysteme durch eine ähnliche Aufspaltung eines oder mehrerer theoretischer Terme miteinander vereinbaren lassen.

Was uns die Unbestimmtheit der Übersetzung lehrt, ist namentlich, daß sich die traditionelle Vorstellung von *Propositionen* als Satzbedeutungen nicht halten läßt. Was uns die empirische Unterbestimmtheit der globalen Wissenschaft lehrt, ist, daß es *mehr* als nur *eine* angemessene Möglichkeit gibt, sich die Welt zu denken.

Literatur

Barrett, R. B. und Gibson, R. F. (Hg.): *Perspectives on Quine*. Oxford: Basil Blackwell, 1990.

Bergström, Lars: »Quine on Underdetermination«. In Barrett und Gibson (1990).

Carnap, Rudolf: *Der logische Aufbau der Welt*. Berlin: Weltkreis-Verlag, 1928. Hamburg: Felix Meiner Verlag, ^{2}1961.

– *Logische Syntax der Sprache*. Wien: Julius Springer, 1934. Wien und New York: Springer Verlag, ^{2}1968.

Chisholm, Roderick: *Perceiving: A Philosophical Study*. Ithaca: Cornell University Press, 1957.

Davidson, Donald: *Handlung und Ereignis*. Übersetzt von Joachim Schulte, Frankfurt am Main: Suhrkamp, 1985. Im Original: *Essays on Actions and Events*. Oxford: Clarendon Press, 1980.

Davidson, Donald und Hintikka, Jaako (Hg.): *Words and Objections. Essays on the Work of W. V. Quine*, Dordrecht: Reidel Publishing Company, 1969.

Dennett, Daniel: *The Intentional Stance*. Cambridge/Mass.: MIT-Press, 1887.

Duhem, Pierre: *Ziel und Struktur der physikalischen Theorien*. Übersetzt von F. Adler, Hamburg: Meiner, 1978. Im Original: *La Théorie Physique – Son Objet et Sa Structure*. Paris, 1906.

Dummett, Michael: *Truth and Other Enigmas*. Cambridge/Mass.: Harvard University Press, 1978; auszugsweise übersetzt in Michael Dummett: *Wahrheit Fünf philosophische Aufsätze*, herausgegeben von Joachim Schulte, Stuttgart: Reclam 1982.

Firth, Roderick: »Reply to Sellars«, *The Monist* 1981, S. 91–101.

Gibson, Roger F.: siehe Barrett und Gibson (1990).

Grelling, Kurt und Nelson, Leonard: »Bemerkungen zu den Paradoxien von Russell und Burali-Forti«, in den *Abhandlungen der Fries'schen Schule* N. F. Bd. 2 (1908): S. 300–334.

Grünbaum, Adolf: »The Falsifiability of Theories«, *Synthese* 1962,

S. 17–34. [Vgl. zu Grünbaum in deutscher Übersetzung auch seine Polemik in der Anwendung: *Die Grundlagen der Psychoanalyse – Eine philosophische Kritik*, übersetzt von Christa Kolbert, Stuttgart: Reclam 1988, Teil I.1.]

Hahn, L. E. und Schilpp, P. A. (Hg.): *The Philosophy of W. V. Quine*. The Library of Living Philosophers, Volume XVIII. La Salle, Illinois: Open Court, 1986.

Hintikka, Jaako: siehe Davidson und Hintikka (1969)

Kirk, Robert: »Quine's Indeterminacy Thesis«, *Mind* 1969, S. 607–608.

Levy, Edwin: »Competing Radical Translations«, *Boston Studies in Philosophy of Science* 1971, S. 590–605.

Lewis, Clarence Irving: *An Analysis of Knowledge and Valuation*. La Salle: Open Court, 1946.

Massey, G. J.: »Indeterminacy, Inscrutability, and Ontological Relativity«, *American Philosophical Quarterly* 1978, Monograph 12, S. 43–55.

Parsons, Charles: *Mathematics in Philosophy. Selected Essays*, Ithaca: Cornell University Press, 1983.

Poincaré, Henri: *Wissenschaft und Hypothese*. Übersetzt von F. und L. Lindemann, Leipzig: Teubner, 1928. Im Original: *La Science et l'Hypothèse*. Paris: Flammarion, 1902.

Popper, Sir Karl: *Logik der Forschung*. Wien, 1935. Tübingen: Mohr, ^{2}1966.

Premack, David: *Gavagai*. Cambridge/Mass.: MIT-Press, 1986.

Putnam, Hilary: »Mathematics Without Foundations«, *Journal of Philosophy* 1967, S. 5–22. Wieder abgedruckt in Hilary Putnam, *Philosophical Papers – Vol. I, Mathematics, Matter and Method*, New York: Cambridge University Press, 1975.

Quine, Willard van Orman: *Mathematical Logic*. New York, 1940. Zweite und (dank Hao Wang) berichtigte Ausgabe: Cambridge/Massachusetts: Harvard University Press, 1951.

– *Elementary Logic*. Boston, 1941. Revidierte Ausgabe: Harvard University Press, 1965.

– »On an Application of Tarski's Theory of Truth«, *Proceedings of*

the National Academy of the Sciences 38 (1952), S. 430–433. Wieder abgedruckt in W. V. Quine, *Selected Logic Papers*. New York: Random House, 1966 bzw. ²1968.
- *Von einem logischen Standpunkt*. Übersetzt von Peter Bosch, Berlin: Ullstein, 1979. Im Original: *From a Logical Point of View*. Cambridge/Mass.: Harvard University Press, 1953.
- *Wort und Gegenstand*. Übersetzt von Dieter Birnbacher und Joachim Schulte, Stuttgart: Reclam 1980. Im Original: *Word and Object*. Cambridge/Mass.: MIT-Press, 1960.
- *Mengenlehre und ihre Logik*. Übersetzt von Anneliese Oberschelp, Berlin: Ullstein, 1978. Im Original: *Set Theory and Its Logic*. Cambridge/Mass.: Harvard University Press, 1963. Revidierte Ausgabe: Harvard University Press, 1969.
- *The Ways of Paradox and Other Essays*. New York, 1966. Erweiterte Ausgabe: Cambridge/Mass.: Harvard University Press, 1976.
- *Ontologische Relativität und andere Schriften*. Übersetzt von Wolfgang Spohn, Stuttgart: Reclam, 1975. Im Original: *Ontological Relativity and Other Essays*. New York: Columbia University Press, 1969.
- *Philosophy of Logic*. Zweite Fassung: Harvard University Press, 1986.
- *Die Wurzeln der Referenz*. Übersetzt von Hermann Vetter, Frankfurt am Main: Suhrkamp, 1976. Im Original: *The Roots of Reference*. La Salle: Open Court, 1974.
- »The Nature of Natural Knowledge«, in Samuel Guttenplan (Hg.): *Mind and Language*. Oxford: Clarendon Press, 1975.
- *Theorien und Dinge*. Übersetzt von Joachim Schulte, Frankfurt am Main: Suhrkamp, 1985. Im Original: *Theories and Things*. Cambridge/Mass.: Harvard University Press, 1981.
- »Gegenstand und Beobachtung«, für den Stuttgarter Hegel-Kongreß 1981 in deutscher Sprache verfaßter Vortrag, abgedruckt in Dieter Henrich (Hg.): *Kant oder Hegel?* Stuttgart: Klett-Cotta, 1983.
- »Ereignisse und Reifizierung«, in E. Picardi und J. Schulte (Hg.): *Die Wahrheit der Interpretation*. Frankfurt am Main: Suhrkamp,

1990. Im Original: »Events and Reification«, in E. Lepore und B. McLaughlin (Hg.): *Actions and Events.* Oxford: Blackwell, 1985.
– »Reply to Roger F. Gibson, Jr.«, in Hahn und Schilpp (1986).
– *Quiddities – An Intermittently Philosophical Dictionary.* Cambridge/Mass.: Harvard University Press, 1987.
Quine, W. V. und Ullian, J. S.: *The Web of Belief.* New York: Random House, 1970. Revidierte und erweiterte Ausgabe: New York: Random House, 1978.
Russell, Bertrand: »On Denoting«, *Mind* 1905, S. 479–493.
– »Mathematical Logic as Based on the Theory of Types«, *American Journal of Mathematics* 1908, S. 222–262. Beide Abhandlungen findet man wieder abgedruckt in Bertrand Russell, *Logic and Knowledge.* London: Allen & Unwin, [5]1971.
Schilpp, P. A.: siehe Hahn und Schilpp (1986).
Shahan, Robert W. und Swoyer, Chris (Hg.): *Essays on the Philosophy of W. V. Quine.* Norman: University of Oklahoma Press, 1979
Sleigh, Robert C.: »On a Proposed System of Epistemic Logic«, *Nous* 1968, S. 391–398.
Tarski, Alfred: »Der Wahrheitsbegriff in den formalisierten Sprachen«, übersetzt von L. Blaustein in: *Studia Philosophica* Bd. 1, Lemberg 1935; neu abgedruckt in K. Berka und L. Kreisler (Hg.): *Logiktexte.* Berlin: Akademie Verlag, 1973. Im Original: *Pojecie prawdy w jezykach nauk dedukcyjnych.* Prace Towarzystwa Naucowego Warszawskiego, wydzial III, No. 34; Diss. Warschau: *Societas Scientiarium et Litterarum Varsoviensis,* 1933. Englische Fassung: Alfred Tarski, *Logic, Semantics, Metamathematics.* Übersetzt von Joseph H. Woodger, Indianapolis: Hackett, [2]1983.
– »Die semantische Konzeption der Wahrheit und die Grundlagen der Semantik«, dt. von Johannes Sinnreich (Hg.): *Zur Philosophie der idealen Sprache,* München: dtv, 1972; Alfred Tarskis populäre Darstellung des Themas aus dem Jahre 1944.
Ullian, J. S.: siehe Quine und Ullian (1970).
Yosida, Natuhiko: »Scientific Laws and Tools for Taxonomy«, *Annals of the Japanese Association for the Philosophy of Science* 6 (1984), S. 207–219.

Nachweise

Fünfeinhalb Seiten des Bändchens entstammen wie folgt verschiedenen Ausgaben des *Journal of Philosophy* aus den Jahren 1983–1987: Teile von S. 499–500 aus »Ontology and Ideology Revisited« (*JP* 80) erscheinen wieder in § 10; von S. 6 aus »States of Mind« (*JP* 82) in § 24; von S. 5–6 aus »Indeterminacy of Translation Again« (*JP* 84) in §§ 14, 17 und 23. Sodann tauchen S. 139–141 aus »Cognitive Meaning« (*Monist* 1979) wieder auf in § 24 und der größte Teil von S. 164 meiner Antwort auf dalla Chiara und Toraldo di Franchia (*Análisis Filosófico*, Buenos Aires 1982) in § 13. Und schließlich findet sich ein Großteil von S. 51 aus »Sensory Support of Science« (*Discursos de Investidura »Doctor Honoris Causa«*, Granada 1986) in § 11 wieder. Den jeweiligen Inhabern der Nachdruckrechte sei an dieser Stelle für ihre Genehmigung gedankt.

Anhang

W. V. QUINE

Was ich glaube[1]

Die Welt ist ein Gefüge verschwindend kleiner Zuckungen im Raume: mikrophysikalischer Elementarereignisse, die durch die eine oder andere von nur drei oder vier Kräften miteinander verbunden sind. Um der Handlichkeit willen wird noch so geredet, als sei dieses Oszillieren das Tun von Teilchen, doch wer heute einen theoretisch strengeren Weg verfolgt, hält an den Zuckungen fest und läßt die Teilchen abdanken. Ein Elementarteilchen ist nämlich anfällig für Identitätskrisen: Beispielsweise kann es mit einem anderen Teilchen so intim werden, daß es von einem Augenblick zum anderen sinnlos wird, noch angeben zu wollen, welches der Teilchen eigentlich welches ist. Wir dürfen ein Elementarteilchen als nichts weiter denn eine begrifflich vorteilhafte periodische Sortierung mikrophysikalischer Ereignisse betrachten, nicht viel anders, als wir Menschen aus Gründen begrifflicher Zweckdienlichkeit zu einem Volk oder einer Rasse sortieren. Wie bei einem Volk oder bei einer Rasse, so besteht auch

[1] [Anm. d. Übers.: Das folgende knappe »Glaubensbekenntnis« erschien zuerst 1984 in Gesellschaft entsprechender Bekenntnisse Einsteins, Russells und anderer in *What I Believe*, New York: Crossroad Publ. Co. – Etwas ausführlicher wird es dem Autor auch in einem aufschlußreichen BBC-Interview aus den siebziger Jahren entlockt, abgedruckt in *Men of Ideas*, hrsg. von Bryan Magee, Oxford: University Press 1982, »The Ideas of Quine«, S. 142–152; siehe außerdem »Quine Speaks His Mind«, in *Cogito* 2, 1988. Unter den jeweiligen Stichworten kann sich der Leser vertiefende Erläuterungen sämtlicher Leitmotive des bündigen »Bouquets von Überzeugungen« vor allem aus den entsprechenden Einträgen in Quines *Quiddities* hinzuholen.]

bei Teilchen keinerlei Gewähr, daß an jedem beliebigen Punkt immer eine präzise Identifikation möglich ist. Gleichwohl erfreut sich das Teilchen offenbar eines zäheren Zusammenhalts als das Volk oder die Rasse, und dieser Umstand läßt den Teilchenbegriff so zweckdienlich erscheinen, daß er sich uns praktisch unentbehrlich gemacht hat.

Erkläre ich mich für mikrophysikalische Elementarereignisse oder gar Teilchen, leugne ich indessen nicht die robuste Realität unserer spießigen Alltagsgegenstände, unserer Tische und Stühle. Ganz wie ein Wald aus großer Entfernung als eine Masse gesehen wird, aus der kein einzelner Baum mehr herausragt, wird auch ein Tisch oder ein Stuhl als eine Masse wahrgenommen, aus der kein Elementarteilchen hervorsticht. Wie der Wald, so sind der Tisch oder der Stuhl damit keineswegs etwas Unwirkliches. Wesen, die mit einem schärferen Gesichtssinn ausgestattet wären als wir, könnten durchaus sehen, daß unsere trauten Festkörper Schwärme vibrierender Moleküle sind. Noch kleinere Teilchen ausmachen zu wollen, übersteigt zwar infolge der eigenen Grobheit des Lichts letzten Endes auch alle optischen Möglichkeiten, doch verfügen unsere Physiker dafür über ihre eigenen, indirekteren Quellen.

Das Aussehen eines Objekts ist jeweils eine *Relation* zwischen dem Gegenstand und dem Auge des Betrachters. Ein Tintenfleck sieht mit bloßem Auge kontinuierlich aus und bei entsprechend starker Vergrößerung diskontinuierlich. Wir vermögen uns außerirdische Wesen zu denken, die Wellen jenseits unserer eigenen visuellen Reichweite spüren können und infolgedessen gleichsam Dampfwolken in unvorstellbaren Farben sehen, wo für uns nichts als Leere ist. Doch wie immer eine Wahrnehmungsperspektive auch beschaffen sein mag, setzt sich gleichwohl alles, was in der Welt vorkommt, letzten Endes aus Elementarteilchen oder den entsprechenden mikrophysikalischen Ereignissen zusammen.

Wohlgemerkt alles, was in der Welt vorkommt. Diese Kautele ist wichtig, da sie das Problem abstrakter Gegenstände wie Eigenschaften und Zahlen zur Seite räumt. Solche Gegenstände kommen nicht in der Welt vor, denn sie sind mitnichten *irgendwo*. Das ändert aber nichts daran, daß gesagt werden kann, daß es diese Dinge *gibt*, daß sie – außerhalb von Raum und Zeit – *existieren*. Wir wären fürwahr beglückt, uns *abstrakter Gegenstände* samt und sonders entledigen zu können, doch Wunschdenken gehört weder zu den Methoden der Wissenschaft noch zu den Methoden einer Philosophie, die noch etwas auf Wahrheit hält. Ohne den Schatten eines Zweifels nimmt die Physik auf Schritt und Tritt Zahlen in Anspruch – womit ich schwerlich bloß den Gebrauch meine, den sie von Ziffern macht, denn nicht bei allen Wörtern dürfen wir davon ausgehen, daß sie etwas bezeichnen. Es handelt sich vielmehr darum, daß sie sich *kollektiv* auf Zahlen beruft – nicht namentlich, sondern als Werte ihrer Variablen. Jedes vernünftige Kriterium zur Beantwortung der Frage, wie zu bestimmen sei, wann eine Theorie eigentlich welche Existenzvoraussetzungen macht, wird anerkennen müssen, daß unsere Naturwissenschaften so sicher auf die Existenz von Zahlen festgelegt sind wie auf irgend sonst etwas. Sobald einer die – freilich stets fallible und in der Folge korrigierbare – Wissenschaft wirklich anerkennt, wie ich es tue, muß er gezwungenermaßen auch die Realität von Zahlen anerkennen.

Gleiches gilt für Funktionen und Klassen, wiewohl wir natürlich aus der Mengentheorie wissen, daß Klassen völlig ausreichen. Mithin sind sie es, die im Grunde auch als die Zahlen und als die Funktionen herzuhalten haben. Doch bei anderen abstrakten Objekten, vor allem bei Eigenschaften, hört meine Bereitschaft zur Anerkennung der Realität abstrakter Gegenstände dann endgültig auf. Sie werden von notorischen Identitätsproblemen und anderen logischen Schwierigkeiten heimgesucht und erfüllen ohnehin keine wirklich wohlbestimmten Aufgaben, die Klassen nicht ebensogut erfüllen können.

Ich habe soeben erklärt, daß sich alles, was es im Universum gibt, letztlich aus Elementarteilchen – oder vielmehr mikrophysikalischen Ereignissen – zusammensetzt, und dann die Einschränkung hinzugefügt, daß dies allerdings nicht für abstrakte Gegenstände gilt. Doch gilt es ganz entschieden auch für den Menschen und für seine Psyche. Der Geist macht einen Bruchteil der Aktivitäten eines physikalischen Gegenstands aus, des menschlichen Lebewesens. Und unser je eigenes Selbstbewußtsein ist lediglich eine der unterschiedlichen Perspektiven, die wir physikalischen Objekten gegenüber einnehmen können. In diesem Fall sind wir selbst das Objekt und beobachten uns aus der Innenansicht.

Some pow'r did us the giftie grant
To see oursels as others can't.

Auch unsere Handlungen und Entscheidungen sind Aktivitäten eines physikalischen Gegenstands und damit ebensogut äußeren Ursachen unterworfen wie die Regungen jedes anderen physikalischen Dinges. *Falls* das Naturgeschehen deterministisch abläuft, *falls* der Zustand der Natur zu jedem beliebigen Zeitpunkt kausal determiniert ist durch ihre vorangegangenen Zustände, gilt der Determinismus insbesondere auch für menschliches Verhalten. Eine Reihe von Philosophen haben sich dieser Sicht der Dinge widersetzt, da sie nach ihrer Auffassung nicht mit unserer Willensfreiheit zu vereinbaren sei.

Hinzuzufügen wäre noch, daß der Determinismus zwar auch von einer ganz anderen Warte aus in Frage gestellt wurde, denn die Quantenphysik mikrophysikalischer Ereignisse hat letztlich sogar unser traditionelles Verständnis von Ursache und Wirkung in Verlegenheit gebracht. Es bestehen aber keine sonderlich guten Aussichten, ausgerechnet in diesem Revier irgendwelche Hintertürchen für die Willensfreiheit aufspüren zu können.

Ich für mein Teil vertrete – wie vor mir Baruch Spinoza, David Hume und viele andere – die Position, daß der Determinismus mit der Freiheit unseres Willens schlechterdings *nichts* zu tun hat. Frei ist unser Verhalten vielmehr, wenn es von unseren inneren

Motiven *verursacht* wird, seien diese Beweggründe nun Ideale, seien sie Wünsche. Daß solche *inneren Antriebe* dann ihrerseits wieder *verursacht* sind, steht der Freiheit in keiner Weise entgegen.

Wenn es demnach ohnehin so ist, daß unsere Handlungen letztlich von äußeren Ursachen kausal abhängen, haben Lob und Tadel dann überhaupt noch eine Berechtigung? Sie haben. Gute Menschen werden zu Recht bewundert und schlechte Menschen zu Recht verachtet, wie es ja auch richtig ist, daß wir gute Gemälde oder gute Maschinen schätzen und weiterempfehlen. Unsere Wertschätzung ist mitnichten darauf angewiesen, daß hierbei etwa die Kausalität suspendiert wäre. Ganz im Gegenteil: Lob und Belohnung tragen ursächlich dazu bei, daß wir künftig gutes Betragen, gute Kunst und gute Technologie vorfinden. Und Tadel und Strafe können dazu beitragen, die Menschen vom Schlechten abzuschrecken.[2]

Im Moralischen werfen Lob und Tadel gleichwohl das Problem auf, wie unsere jeweiligen Maßstäbe für Gut und Böse eigentlich zu rechtfertigen sind. Die Hypothese von der Existenz Gottes wollte moralischen Werten eine objektive Grundlage verschaffen: im Willen Gottes und seinen Geboten. Läßt sich diese Vermutung nun aber nicht mit wissenschaftlichen Hypothesen vergleichen, die im entsprechenden Maße gestützt werden von den jeweiligen Erklärungen, die sie für Sachverhalte an die Hand geben, von denen wir Kenntnis haben? Nein, es handelt sich dabei nicht um eine vergleichbare Hypothese. Was diese Vermutung erklärt, ist nicht ein Sachverhalt, von dem wir *wissen*, daß er besteht, son-

2 [Mehr zum Status moralischer Werte, Urteile und Affekte in Quines System (so etwa zu Fragen wie ›Warum gelten ihm einhellig geteilte emotionale wie auch moralische Urteile nicht als Beobachtungssätze?‹) erfährt man vor allem in seiner »Reply to Morton White« in Hahn und Schilpp (1986), dem Essay »Über das Wesen moralischer Werte« in *Theorien und Dinge* und wiederum unter den einschlägigen Stichworten in *Quiddities*.]

dern einer, von dem wir *wünschen*, er bestünde: die Objektivität moralischer Werte. Die Hypothese von einem Gott ist insofern wieder einmal nichts als *Wunschdenken*, durchaus vergleichbar der gegenläufigen Spielart des Wunschdenkens, die wir weiter oben bemerkt haben: jener Möchtegernelimination von Zahlen und verwandten abstrakten Gegenständen aus dem Bereich dessen, was es gibt.

Der Theismus ist ein ergiebiger Quell des Trostes. Er hängt mit dem Traum von einem Leben nach dem Tode zusammen und von künftigem Lohn für hienieden unvergoltene Tugend. In letzterer Hinsicht hat die Religion der Gesellschaft mit ihrer Androhung des Höllenfeuers durchaus auch gute Dienste geleistet, soweit es ihr gelang, menschliche Barmherzigkeit zu steigern und von Verbrechen abzuschrecken. Wohltaten für die Gesellschaft wie diese sind es, woraus im Gegensatz zu bloßem Wunschdenken ein gültiger Grund für die Verbreitung der religiösen Lehre hervorgeht. Ich bin mir allerdings nicht schlüssig, ob dieser Grund bereits ein zureichender ist. Nutzen liefert keinen Beweis für Wahrheit.

Man hat natürlich auch Argumente für die Wahrheit des Theismus ins Feld geführt, doch leider Gottes waren sie allesamt unzureichend. So wurde beispielsweise geltend gemacht, die Komplexität der organischen Natur bezeuge doch wohl offenkundig die Existenz eines Schöpfers. Replik: Dann wäre doch wohl offenkundig der *Modus operandi* dieses Gottes nicht um ein Jota leichter zu erklären als die Komplexität der organischen Natur selbst! Ein anderes Argument *definiert* sich kurzerhand seinen Gott: als ein notwendig existierendes Wesen. Man wird mir sicher vergeben, wenn ich gar nicht erst versuche, diesem unerfindlichen Argument Gerechtigkeit widerfahren zu lassen. Verwirft man, wie ich es tue, bereits den Gedanken von einer metaphysischen Notwendigkeit selbst als gehaltlos, ist das Argument nämlich immer schon vom Tisch. Notwendigkeit ist mir nur verständlich, wenn man sie auf transitorische Kontexte relativiert: Etwas gilt –

stets relativ auf einen besonderen, in Gang befindlichen Dialog bezogen – genau dann als notwendig, wenn es aus bereits feststehenden Überzeugungen und Annahmen der zu diesem Zeitpunkt am Dialog Beteiligten folgt. Betrachtet man die Dinge absolut, gibt es nur das von keinem Adverb umschmeichelte – Wahre und Falsche.

Metaphysische Notwendigkeit macht einen jener Hauptpfeiler theologischen Denkens aus, deren Fährte wir geradewegs auf Aristoteles zurückverfolgen können. Als weiterer solcher Pfeiler ist die stupende Einschränkung zu nennen, die er kontingenten Aussagen über die Zukunft auferlegt: Sie sollen gegenwärtig *weder* wahr *noch* falsch sein und erst wahr *werden*, sobald sie dereinst einmal durch das betreffende Ereignis kausal abgesichert worden sind. Die theologische Relevanz dieser Lehre war ehedem diese: Wären solche Sätze immer schon wahr, hätte Gott in seiner Allwissenheit unter anderem natürlich auch gewußt, daß diese Sätze wahr sind, womit jedoch die Zukunft bereits im voraus durch Gottes Wissen festgelegt wäre; und just dieser Determinismus, so räsonnierte man (wie fehlerhaft auch immer), hätte unsere Willensfreiheit von jeher verunmöglicht. In meiner Philosophie machen wir mit solchem Drückebergertum vor allem Zukünftigen nicht minder kurzen Prozeß als mit der Lehre von der metaphysischen Notwendigkeit. Ich behandle Aussagen über die Zukunft als ein für allemal wahr oder falsch, wiewohl wir natürlich nur in den wenigsten Fällen wissen werden, *welchen* Wahrheitswert sie jeweils haben. Die Lehre des Determinismus mag dann genau den Wahrheitswert haben, welchen auch immer, der ihr de facto zukommt.

Wir sehen also, daß gar manche Vorstellungen und Dichotomien, die wir besser erst einmal aus dem Weg räumen sollten, mit einem Seitenblick auf den Theismus eingeführt worden waren. Doch könnte man sich gleichwohl fragen wollen: *Wissen* wir etwa, daß der Theismus falsch ist? »Wissen« ist kein sonderlich tragfähiger Begriff, und das Verbum hat seit jeher eine Menge Schaden angerichtet. Wissenschaft ist nichts weiter als eine höchst ausgefeilte Form des »gemeinen Menschenverstandes« und an den unterschiedlichsten Stellen in unterschiedlichem Maße fehlbar. Sie kann jederzeit einmal aufgrund künftiger wissenschaftlicher Entdeckungen berichtigt werden müssen, doch bietet sich uns eben schlicht und einfach keine alternative Zugangsmöglichkeit zur Wahrheit. Sehen wir von dem einen oder anderen unangebrachten Umdeutungsmanöver unserer Terminologie ab, können wir wirklich mit dem besten wissenschaftlichen Wissen und Gewissen, dessen wir überhaupt fähig sind, urteilen: Es gibt keinen Gott und es gibt auch kein Leben nach dem Tode.

Was also macht die Grundlage moralischer Werte aus? Sie sind restlos menschlichen Ursprungs. Teils werden sie uns durch Gesetzgebung, kindliche Sozialisation und Religion gezielt aufgeprägt, teils haben wir sie höchstwahrscheinlich auch im Zuge der natürlichen Selektion mitbekommen. Ihr Sinn und Zweck ist, grob gesagt, der, Gesellschaft zu ermöglichen, indem sie die fortwährend miteinander in Konflikt geratenden Wünsche ihrer Mitglieder einen helfen. Demnach kann es bezüglich der relativen Abwägung von Gütern immer auch zu moralischen Divergenzen unter den einzelnen Standpunkten kommen. Ein Moralist mag sich für eine grundsätzliche und vorbehaltlose Nächstenliebe gegenüber geistig Behinderten einsetzen, während ein anderer Moralist erst einmal aus eugenischen Gründen auf Maßnahmen zum Schutze des künftigen Lebens dringt. Und ein Moralist wird jede Form von Folter kategorisch ablehnen, während ein anderer sie beispielsweise zum Zwecke der Bestrafung für zulässig hielte – oder um für das Wohl der Allgemeinheit ungemein wichtige Informationen herauszupressen. Wäre einer hingegen irgendwie für Folter um ihrer selbst willen, ergäbe dies natürlich in gar keiner Weise mehr einen moralischen Standpunkt. Und überhaupt: Feindseliges Verhalten spiegelt für gewöhnlich eher die Abkehr von moralischen Werten wider denn Uneinigkeit über ihren Gehalt.

Infolge ihrer Ausrichtung auf das Wohl eines Gemeinwesens hängt Moralität entscheidend von den Grenzen der relevanten Gemeinschaft ab. Ein isoliert lebender Volksstamm könnte es bei einem kristallklaren ethischen Gesetz belassen, das vermeintlich absolut und unwandelbar wäre und das von jedermann anerkannt und von den meisten befolgt würde. Konflikte zwischen ganzen Gemeinschaften hingegen liegen außerhalb der Gemeinschaft und sind damit so lange moralisch neutral, als wir unseren Horizont noch nicht erweitert und eine Pluralität von Gemeinschaften in einer neuen, umfassenderen Gemeinschaft miteinander verschmolzen haben. Für die meisten von uns verlaufen die Demarkationslinien des Gemeinschaftlichen jedenfalls nicht einheitlich, sondern markieren zunächst und in erster Linie eng geknüpfte Solidargemeinschaften, die einander dann im jeweiligen Innenbereich zunehmend weniger provinzieller Vergemeinschaftungsformen an zahllosen Stellen überschneiden werden: von der je eigenen Familie, Sippe, Nation, Kultur, Spezies bis hin zum Phylum und zu künftigen Generationen. Neben unseren ethischen Divergenzen über die richtige Gewichtung dessen, was uns zum Nutzen und Vorteil gereicht, wird es daher zwangsläufig auch zu ethischen Divergenzen über die richtige Gewichtung der *Be*vorteilten kommen. Hier geraten wir dann endgültig in ethische Zwangslagen.

Ich hätte dieses kleine Bouquet von Überzeugungen nun abschließend vielleicht noch auf das Anmutigste mit einigen optimistischen Glaubensartikeln über die Zukunftsaussichten der Gattung zieren können. Indes hat mich die langjährige Übung, die ich darin habe, jederlei Wunschdenken Widerstand zu leisten, in dieser Hinsicht abgehärtet. Aber ich will sehen, was ich tun kann.

Endlich hat der katastrophale Raubbau, den der Mensch an der Atmosphäre, Hydrosphäre, Chthonosphäre und Biosphäre der Erde treibt, in unseren Tagen zum ersten Male Heerscharen von Umweltschützern und Naturfreunden auf den Plan gerufen.

Ihren Bemühungen wünsche ich mit ebenso unmäßiger Inbrunst Erfolg, wie ich ihre Erfolgschancen zugleich als eher mäßig einschätzen muß. Und endlich hat die haarsträubende Bevölkerungsexplosion, unter welcher der Planet zu leiden hat, weltweit zu immer nachdrücklicheren Kampagnen für eine rigorose Familienplanung Anlaß gegeben. Es will gar scheinen, als könnten die Blauäugigeren unter uns aus den neuesten Erhebungen bereits ein wenig Zuversicht schöpfen. Bei Zuwiderhandeln droht jedenfalls das in den vergangenen Jahrzehnten allerorten zu beobachtende Anwachsen menschlicher Gewaltbereitschaft die statistischen Zahlen noch um einiges grausamer zurechtzustutzen. Unterdessen ist aber das menschliche Verstehen, zumal des Kosmos und seiner Feinstruktur, mit einem noch nie dagewesenen Tempo vorangekommen, und in nächster Zeit wird alles noch schneller gehen. Wissensdurstigen jungen Leuten stehen unvergleichlich lohnende Gratifikationen ins Haus – sollte das Gemäuer dieses Hauses halten.

Emerson Hall *Harvard University*

Nachbemerkung des Übersetzers

Es ist fürwahr ein Segen, daß mir bei der Übersetzung die freundschaftliche Sorgfalt zweier Philosophieprofessoren zugute kam, denen ich hier zu danken habe: H. P. Schütt für unseren gründlichen und beiderseits lehrreichen Durchgang durch die vorliegenden Paragraphen, und W. V. Quine selbst, dessen einmalige Aufmerksamkeit und Großzügigkeit seinen Übersetzern gegenüber mit Recht legendären Ruf genießen. (Kann es sein, daß er an der prekären Praxis des Übersetzers ein besonderes Interesse ausgebildet hat?).

Für die deutsche Fassung habe ich im Konsens mit dem Autor, Willard van Orman Quine, einen Titel vorgeschlagen, der uns besser zu klingen schien als jede wörtlichere Übersetzung des ursprünglichen Titels, wenngleich auf der anderen Seite ein Titel wie *Pursuit of Truth* in der Geschichte der Philosophie schon häufig in prominenter Weise in Erscheinung getreten war – man denke nur etwa an Descartes' berühmtes Dialogfragment, Malebranches Hauptwerk oder Russells gleichnamigen Essay. – Professor Quines Name wurde soeben übrigens streng korrekt ausgeschrieben. Sein Nachname stammt aus dem gälischen Manx, das auf der Isle of Man bis ins neunzehnte Jahrhundert hinein gesprochen wurde. Mit seinem middle initial hingegen hat es, wie er mir eigens erklärt hat, folgende amüsante Bewandtnis: Aus dem Nachnamen mütterlicherseits »van Orman«, einer amerikanischen Verballhornung des ursprünglich holländischen »van Arnhem«, wurde durch eine Alberei auf der Highschool, einander beim mittleren Namen zu rufen, zunächst einmal Quines Spitzname »Van«, der offensichtlich hängenblieb.[1] Daraus wiederum

[1] Siehe nicht zuletzt *Dear Carnap, Dear Van – The Quine-Carnap Correspondence and Related Work*, hrsg. von Richard Creath, Berkeley: 1990.

mußte nach gängiger amerikanischer Praxis zwangsläufig das großgeschriebene mittlere Initial werden, wollte der Autor sich nicht in Bibliographien, Katalogen oder auf Postämtern falsch eingeordnet wiederfinden.

Für Philosophiestudenten, die mit dem Bändchen eingehender zu tun haben werden, hier noch ein Hinweis. Sein eigenes Studium der Philosophie begann W. V. Quine zunächst mit einem – heute wieder höchst aktuellen – Zeitgenossen: mit den frühen mathematisch-philosophischen Werken seines geheimen Lehrers Bertrand Russell, der in der Folge dann auch einige Male in Harvard las und nach Überzeugung von Quines späterer Ph. D.-Anlaufstelle A. N. Whitehead »die größte analytische Potenz« darstellte, »welche die Welt je gesehen hat, Aristoteles nicht ausgenommen«.[2] Wer sein Philosophiestudium in unseren Tagen gleichfalls mit einem Zeitgenossen beginnen will, womöglich mit Quine und namentlich mit seiner Einleitung in die Philosophie, der ist in der günstigen Lage, anläßlich beliebiger offener Fragen regen Gebrauch von Quines (bei Penguin Books) unter dem Titel *Quiddities* vorliegenden Erläuterungen machen zu können, nicht eben eine weitere Einleitung in die Philosophie, doch so etwas wie ein konkurrenzloser Kommentar zu einer solchen – nämlich zur vorliegenden. Quintessenzen der Quineschen Position im ironischen Format eines fingierten Wörterbuchs nach dem Modell des Voltaireschen, werden sich diese Quaestionen als *die* ideale Lektüre zur Vertiefung von *Unterwegs zur Wahrheit* erweisen: Es gibt hier schlechterdings keinen Paragraphen, zu dem sich dort nicht aufschlußreiche Erläuterungen fänden, die es heranzuziehen gilt.

Als Schlußpunkt vielleicht noch einige erste Wegweiser zur Literatur. Man gehe besser stets *ad fontes*: Wer etwa eine besonders klare Zusammenfassung der Fragestellungen unserer Einführung sucht, dem gibt sie der folgende Essay Quines an die

[2] W. V. Quine, *The Time of my Life. An Autobiography*, Cambridge/ Mass.: MIT Press 1985, vgl. S. 79 und S. 144.

Hand: »Sticks and Stones – the Ins and Outs of Existence«, in L. S. Rouner (Hg.): *On Nature*, Notre Dame, Indiana: University of Notre Dame Press 1984, S. 13–26. Sodann dokumentiert die profunde philosophische Affinität Quines zum System des schottischen Aufklärers David Hume nicht allein das elegante Portrait Humes, das in Harvard sein Arbeitszimmer schmückt, sondern auf lehrreiche Weise auch der Auszug aus »Quine's 1946 Lectures on Hume«, den Michael Pakaluk im *Journal of the History of Philosophy* 1989, S. 445–459, herausgegeben hat. Und das hiesige vierte Kapitel »Intensionalität« schließlich wurde vom Autor der Sache nach aufs neue dargestellt anläßlich eines Symposions zu Ehren Føllesdals: »Promoting Extensionality«, *Synthese* 1994: S. 143–151. Ungeachtet ihres Professionalismus ist hingegen die ausgedehnte zeitgenössische Literatur *über* Quine nur mit der allergrößten Vorsicht zu genießen und dem Original nicht etwa vorzuziehen. Es wäre ratsam, sich hier an einige wenige, wirklich eingeweihte Autoren zu halten, die etwas mit ihrem Gegenstand und namentlich auch mit der Geschichte der analytischen Philosophie im zwanzigsten Jahrhundert zu tun gehabt haben, die also in der einen oder anderen Form lieber an der Front mitwirken als in der Etappe. Entschieden vorzuziehende Experteneinschätzungen des Quineschen Werks liefern da etwa die Bücher und Papiere zweier ihm nahestehender Logiker, die sich nebenberuflich mit der wohl informiertesten Geschichtsschreibung der analytischen Philosophie befassen, die es bislang gegeben hat: die Schriften seiner beiden Schüler Hao Wang und Burton Dreben. Hier wird ein Student gezwungenermaßen den *Philosopher's Index* bemühen müssen, um die verstreut publizierten Artikel ausfindig zu machen, doch gibt es für ihn auf dem derzeitigen Markt schlicht keine bessere Sekundärliteratur. Als Kostprobe ihres exemplarischen Insiderwissens mag der historisch interessierte Leser zunächst beispielsweise zu Drebens Essays »Quine« und »Putnam, Quine – and the Facts« (in Barrett und Gibson 1990 resp. *Philosophical Topics* 1992) greifen sowie zu Hao Wangs Buch *Beyond*

Analytic Philosophy (MIT Paperbacks) nebst dessen Nachfolger über Kurt Gödel. Und schließlich gehören zum Informiertesten vor allem auch noch jene klaren und deutlichen Bücher und Essays über Quine, für die wir uns bei seinen Schülern und Schülersschülern Roger F. Gibson, Peter Hylton, Gary Kemp und Dagfinn Føllesdal zu bedanken haben.

Straßburg 1995 / Heildelberg 2020 *M. G.*

Personenregister

PHILOSOPHISCHE BIBLIOTHEK

CHARLES MAYO ELLIS

Ein Essay über den Transzendentalismus

Übersetzt und mit einer Einleitung
herausgegeben von FABIAN MAUCH
Englisch–Deutsch
PhB 735. 2020. 179 Seiten
ISBN 978-3-7873-3793-4. Leinen

Anfang des 19. Jahrhunderts kam es in den USA zu einer intensiven Auseinandersetzung mit der kontinentaleuropäischen Philosophie, aus der sich der sog. amerikanische Transzendentalismus entwickelte. Lange Zeit sahen sich dessen Vertreter heftiger Gegenwehr ausgesetzt. Die Transzendentalisten prangerten immer wieder die sozialen Missstände in den Vereinigten Staaten an, wandten sich gegen die Sklaverei und kritisierten überkommene Traditionen und Konventionen, die die Freiheit und Kreativität des Einzelnen behinderten. Im Rückgriff auf Platon und Kant wie auf den deutschen Idealismus und die englische Romantik formulierten sie eine eindringliche Kritik an den entfremdenden Lebensverhältnissen ihrer Zeit.
Der Essay stellt eine hervorragende Einführung in diese erste genuin amerikanische philosophische Strömung dar, die in ihrer Form, Dichte und Prägnanz einzigartig ist.